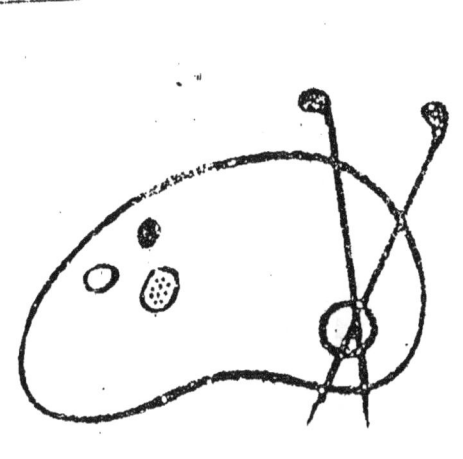

Début d'une série de documents en couleur

DEUXIÈME ÉDITION

XAVIER DE MONTÉPIN

LES PANTINS DE MADAME LE DIABLE

TOME SECOND

PARIS. — E. DENTU, ÉDITEUR, PALAIS-ROYAL

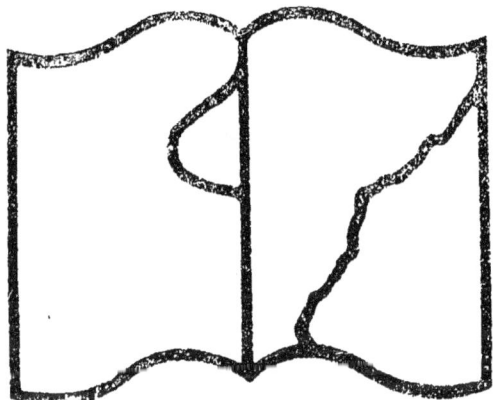

Texte détérioré — reliure défectueuse
NF Z 43-120-11

EN VENTE A LA LIBRAIRIE E. DENTU, ÉDITEUR

OUVRAGES DU MÊME AUTEUR
Collection grand in-18 jésus à 3 francs le volume

LA SORCIÈRE ROUGE. 4e édition	3 vol.
LE VENTRILOQUE. 4e édition	3 vol.
LE SECRET DE LA COMTESSE. 5e édition	2 vol.
LA MAITRESSE DU MARI. 5e édition	1 vol.
UNE PASSION. 4e édition	1 vol.
LE MARI DE MARGUERITE. 13e édition	3 vol.
LES TRAGÉDIES DE PARIS, 7e édition	4 vol.
LA VICOMTESSE GERMAINE (suite des *Tragédies de Paris*) 7e édition	3 vol.
LE BIGAME. 6e édition	2 vol.
LA BATARDE. 3e édition	2 vol.
UNE DÉBUTANTE. 3e édition	1 vol.
DEUX AMIES DE SAINT-DENIS, 3e édition . . .	1 vol.
SA MAJESTÉ L'ARGENT. 5e édition . .	5 vol.
LES MARIS DE VALENTINE. 3e édition	2 vol.
LA VEUVE DU CAISSIER. 3e édition	2 v
LA MARQUISE CASTELLA. 3e édition	2 vo
UNE DAME DE PIQUE. 3e édition	2 vol.
LE MÉDECIN DES FOLLES. 4e édition	5 vol.
LE PARC AUX BICHES, 3e édition	2 vol.
LE CHALET DES LILAS, 3e édition	2 vol.
LES FILLES DE BRONZE, 3e édition	5 vol
LE FIACRE N° 13, 4e édition	4 vol.
JEAN-JEUDI, 3e édition	2 vol.
LA SALADINE, 2e édition	2 vol.
LES AMOURS D'OLIVIER, 2e édition	2 vol.
SON ALTESSE L'AMOUR, 3e édition	6 vol.
LA MAITRESSE MASQUÉE, 3e édition	2 vol.
LA FILLE DE MARGUERITE 3e édition	6 vol.
MADAME DE TRÈVES, 3e édition	2 vol.

Publications récentes en vente à la même Librairie

Gustave Aimard	Le Chasseur de Rats. 2 vol. . . .	6 »
Adolphe Belot	Folles de Jeunesse. 1 vol. . . .	3 »
F. du Boisgobey	La Jambe Noire. 2 vol.	6 »
Jules Claretie	Le Train 17. 1 vol.	3 50
Champfleury	La Petite Rose. 1 vol.	3 »
Eugène Chavette . . .	La Chasse à l'Oncle. 2 vol. . . .	6 »
Alphonse Daudet . . .	Jack. 2 vol.	6 »
Charles Deslys	Le Serment de Madeleine. 1 vol.	3 »
Em. Gonzalès	Les Danseuses du Caucase. 1 vol.	3 50

Paris. — Imp. de l'*Étoile*, Bouder, directeur, rue Cassette, 1.

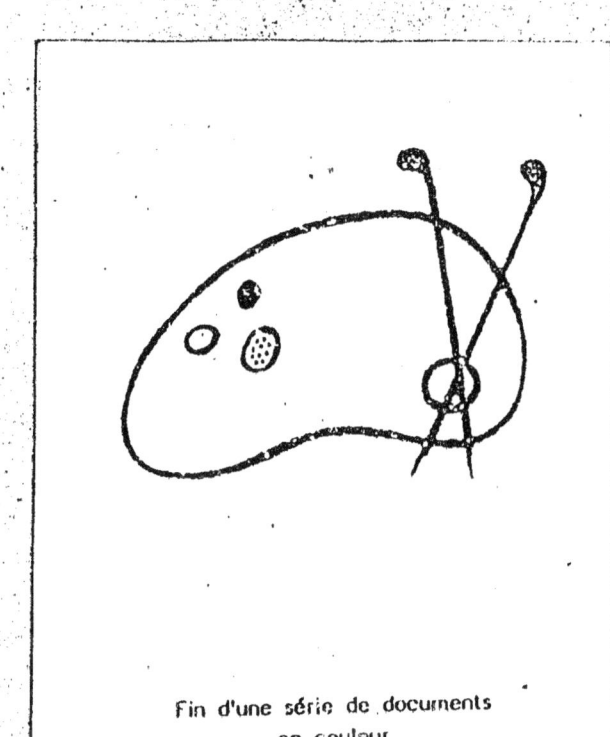

Fin d'une série de documents en couleur

LES PANTINS
de
MADAME LE DIABLE

TOME SECOND

LIBRAIRIE DE E. DENTU, ÉDITEUR

OUVRAGES DU MÊME AUTEUR
Collection grand in-18 jésus à 3 francs le volume

LE MARI DE MARGUERITE, 13ᵉ édition.	3 vol.
LES TRAGÉDIES DE PARIS, 7ᵉ édition.	4 —
LA VICOMTESSE GERMAINE, 7ᵉ édition.	3 —
LE BIGAME, 6ᵉ édition.	2 —
LA MAITRESSE DU MARI, 5ᵉ édition.	1 —
LE SECRET DE LA COMTESSE, 4ᵉ édition.	2 —
LA SORCIÈRE ROUGE, 4ᵉ édition.	3 —
LE VENTRILOQUE, 4ᵉ édition.	3 —
UNE PASSION, 4ᵉ édition.	1 —
LA BATARDE, 3ᵉ édition.	2 —
LA DÉBUTANTE, 3ᵉ édition.	1 —
DEUX AMIES DE SAINT-DENIS, 4ᵉ édition.	1 —
SA MAJESTÉ L'ARGENT, 5ᵉ édition.	5 —
LES MARIS DE VALENTINE, 3ᵉ édition.	2 —
LA VEUVE DU CAISSIER, 3ᵉ édition.	2 —
LA MARQUISE CASTELLA, 3ᵉ édition.	2 —
UNE DAME DE PIQUE, 3ᵉ édition.	2 —
LE MÉDECIN DES FOLLES, 4ᵉ édition.	5 —
LE CHALET DES LILAS, 3ᵉ édition.	2 —
LE PARC AUX BICHES, 3ᵉ édition.	2 —
LES FILLES DE BRONZE, 3ᵉ édition.	5 —
LE FIACRE Nº 13, 4ᵉ édition.	4 —
JEAN-JEUDI, 3ᵉ édition.	2 —
LA BALADINE, 3ᵉ édition.	2 —
LES AMOURS D'OLIVIER, 3ᵉ édition.	2 —
SON ALTESSE L'AMOUR, 3ᵉ édition.	6 —
LA MAITRESSE MASQUÉE, 3ᵉ édition.	2 —
LA FILLE DE MARGUERITE, 3ᵉ édition.	6 —
MADAME DE TRÈVES.	2 —

SOUS PRESSE:

LE DERNIER DUC D'HALLALY.
L'ŒIL DE CHAT.
LES FILLES DU SALTIMBANQUE.

F. Aureau. — Imprimerie de Lagny.

XAVIER DE MONTÉPIN

LES PANTINS
DE
MADAME LE DIABLE

TOME SECOND

TROISIÈME ÉDITION

PARIS
E. DENTU, ÉDITEUR
LIBRAIRE DE LA SOCIÉTÉ DES GENS DE LETTRES
PALAIS-ROYAL, 15-17-19, GALERIE D'ORLÉANS
—
1882
Tous droits réservés

LES PANTINS
DE
MADAME LE DIABLE

PREMIÈRE PARTIE

PÉRINE & LUC
(SUITE)

XIV

JANE DE SIMEUSE

Nous avons laissé la duchesse de Simeuse, pâle d'épouvante sous son masque, quitter en chancelant le logis de la Goule où elle venait d'assister à l'étrange et mystérieuse scène d'évocation, ou plutôt de jonglerie, que nous avons racontée au début de ce livre.

Certes, dans le monde brillant et aristocratique qui était le sien, madame de Simeuse passait, et à bon droit, pour une femme heureuse.

Belle encore à quarante ans, — portant un des grands noms de France, — possédant une fortune magnifique, — mariée à un homme qui l'aimait, après vingt années, comme aux premiers jours de leur union, — mère enfin d'une adorable et chaste fille dont les grâces et les vertus touchantes se développaient sous ses yeux... — que manquait-il à la duchesse ?

Rien, en apparence ; — et cependant, sur ce ciel d'azur il y avait un nuage noir dont les flancs recélaient la foudre.

Depuis vingt ans la prédiction d'Yvonne Tréal tintait jour et nuit, comme un glas de mauvais augure, aux oreilles de madame de Simeuse. — Ce péril inconnu, planant sur la tête de sa fille, empoisonnait ses joies maternelles. — Elle aurait voulu douter, — elle s'efforçait de se rendre incrédule et, malgré elle, il lui était impossible de ne pas croire.

En frappant à la porte de Périne, en venant interroger la sibylle dans son antre, madame de Simeuse espérait fermement qu'une prédiction nouvelle, absolument dissemblable de la première, viendrait lui prouver que la science astrologique était une science vaine, et qu'il fallait accueillir avec un dédain railleur ses chimériques prophéties.

Nous savons à quel point cet espoir fut déçu, — nous savons par quelle habileté diabolique la Goule enferma la duchesse dans les mailles d'un filet inextricable. — Désormais, à moins de lutter contre l'évidence, madame de Simeuse ne pouvait même plus essayer du doute... L'avenir s'était dévoilé devant elle, éclatant, lumineux, incontestable comme le soleil, — elle avait vu !...

Voilà ce que se disait la pauvre mère en sortant du Logis-Rouge.

A l'une des extrémités de la rue de l'Hirondelle existait à cette époque une petite église dédiée à Notre-Dame des Sept-Douleurs, et démolie jusque dans ses fondements en 1793. — Cette église, comme toutes celles des autres paroisses de Paris, restait ouverte pendant la nuit du mardi gras au mercredi des cendres pour *les prières des Quarante-Heures*.

Madame de Simeuse en franchit le seuil, — elle alla s'agenouiller sous les voûtes de la plus obscure chapelle, et là, cachant sa tête dans ses deux mains, elle pria et pleura longtemps. — Lorsque sa prière fut achevée, lorsquelle eut séché ses larmes, elle laissa tomber plusieurs pièces d'or dans le tronc des pauvres, puis, après avoir ôté le loup de velours qui cachait ses traits, elle sortit de l'église par une porte latérale.

Sa voiture l'attendait dans la rue, presque en face de cette porte. — Ses gens devaient supposer et supposaient en effet qu'elle venait d'assister à l'office du soir.

Le valet de pied ouvrit la portière du carrosse. — La duchesse y monta, et l'équipage se dirigea rapidement vers la Montagne Sainte-Geneviève.

L'hôtel de Simeuse, nous l'avons dit, se trouvait situé rue des Fossés-Saint-Victor, en retour sur la rue Clovis. — Une épaisse muraille, de près de quarante pieds de hauteur, soutenait les jardins qui dominaient cette dernière rue dont la pente, on le sait, est extrêmement rapide, surtout à l'endroit où elle rejoint la rue des Fossés-Saint-Victor, formant avec elle un angle aigu.

Les constructions imposantes de cette habitation seigneuriale ont disparu depuis longtemps, mais la muraille dont nous venons de parler existe encore aujourd'hui, et telle était sa solidité primitive que, malgré le poids immense des terrains qu'elle soutient, elle ne se lézarde dans aucune de ses parties et semble aussi vigoureuse qu'au siècle dernier.

Le carrosse franchit une haute et large porte cochère dont le couronnement supportait en relief le splendide écusson des Simeuse : — *d'or, aux trois merlettes de sable.* — Il décrivit une courbe savante dans une grande cour sablée, de forme elliptique, et enfin il s'arrêta devant un perron grandiose qu'une double porte vitrée séparait d'un vestibule digne d'un palais.

Quatre ou cinq laquais, en livrée noir et or, qui semblaient faire partie intégrale du mobilier de ce vestibule, s'empressèrent autour de la duchesse.

Les uns la débarrassèrent de ses fourrures, tandis que les autres se disposaient à la précéder avec des flambeaux dans les appartements intérieurs.

Madame de Simeuse traversa deux salons de réception où les splendeurs du style Louis quatorzième éclataient dans toute leur majesté, et qui certes pouvaient lutter de magnificence avec les grands appartements de Versailles... — Devant elle s'ouvrit un troisième salon, beaucoup plus petit que les premiers et doublement éclairé par les huit bougies de deux candélabres et par les vives lueurs d'un grand feu.

Un cri joyeux se fit entendre ; — une jeune fille d'une ravissante beauté vint se jeter dans les bras que la duchesse étendait pour la recevoir.

Cette jeune fille était Jane de Simeuse. — Toute description de son visage et de sa taille serait inutile. — Nos lecteurs connaissent déjà l'enfant venue au monde le 20 février 1752. — Ils savent que Jane, la fille noble, et Carmen, la gitane, étaient aussi semblables, — pour emprunter une expression au baron Luc de Kerjean, — que deux fleurs jumelles nées sur la même tige.

L'unique différence entre ces doubles épreuves d'un seul chef-d'œuvre, c'est que la figure de Jane de Simeuse n'offrait point l'expression d'énergie et de froide audace du visage de Carmen.

La jeune fille portait une robe de soie d'un violet tendre. — La forme élégante et simple de ce vêtement mettait en relief toutes les perfections de sa taille. — Un cactus pourpre des tropiques était piqué dans les nattes épaisses de sa chevelure sombre dont aucun nuage de poudre ne voilait le soyeux éclat.

Un gentilhomme de cinquante-six ou cinquante-huit ans, aux traits pleins de distinction mais pâlis et fatigués, quitta le fauteuil qu'il occupait au coin de la cheminée et, se dirigeant vers la duchesse qui pressait Jane sur son cœur, il unit la mère et la fille dans une même étreinte, et les embrassa toutes deux avec une égale tendresse, tandis que son beau visage déjà flétri s'illuminait des feux d'une tendresse sans bornes.

— Chère femme... chère fille... — murmura-t-il, — toute ma vie !.., tout ce que j'aime !...

Nos lecteurs ont reconnu facilement, ou plutôt deviné, le duc Jacques de Simeuse.

— Bonne mère... mère bien-aimée ! — s'écria Jane avec une vivacité presque enfantine, en couvrant de baisers les joues de la duchesse. —Comme tu rentres tard ! ! — D'où viens-tu ?...

— De l'église de Notre-Dame des Sept-Douleurs, mon enfant, où j'étais allée prier pour toi, —répondit madame de Simeuse.

— Il ne t'est rien arrivé de fâcheux ?

— Non.

— Alors, pourquoi es-tu pâle ?

La duchesse se regarda dans une glace et tressaillit.

Elle était livide.

Jane répéta sa question.

— Je ne sais... — balbutia la pauvre mère avec un embarras involontaire. — C'est le froid, sans doute...

— Enfin, — poursuivit la jeune fille, — tu n'es ni triste, ni préoccupée ?

— Ni l'un ni l'autre.

— Dans ce cas, je puis être joyeuse sans scrupule, et j'en profite.

— En effet, ton visage est rayonnant.

— Ah ! si tu savais combien je suis heureuse, et combien il me tardait de te voir revenir pour te faire partager mon bonheur !

— Eh bien, me voilà, mon enfant, et j'ai hâte de le partager en effet... Dis-moi bien vite quel est ce grand bonheur qui t'arrive !

— Il m'en arrive deux.

— Voyons.

— Tu te souviens que c'est aujourd'hui mon jour de naissance... — Tu te souviens que, depuis quelques heures, j'ai vingt ans ?

— Si je m'en souviens ! — murmura la duchesse avec une expression profonde.

— Regarde donc, alors, — reprit Jane, — regarde et admire ce que mon bon père m'a donné ce soir, en l'honneur de ma vingt et unième année qui commence !

Et la jeune fille triomphante tira de son corsage un merveilleux collier de perles qu'elle attacha joyeusement autour de son cou.

— Comment trouves-tu cette parure, mère bien-aimée ? — demanda-t-elle ensuite. — Ravissante, n'est-ce pas ?... divine ?...

— Ravissante, mais incomplète.

— Par exemple ! — Et que lui manque-t-il donc ?

— Un bracelet pareil au collier.

— Peut-être le bracelet viendra-t-il l'année prochaine, à pareil jour et à pareille heure, — dit la jeune fille en souriant et en jetant un regard à son père.

— Il viendra tout de suite, chère enfant, — répliqua la duchesse ; — un an d'attente, ce serait trop long...

Et, tandis qu'elle prononçait ces paroles, elle ouvrit un petit meuble de marqueterie, — elle y prit un écrin de velours cramoisi, — elle tira de cet écrin un bracelet dont les perles étaient exactement pareilles à celles du collier, et enfin elle agrafa ce précieux joyau autour du poignet délicat de Jane,

1.

qui, dans un transport de ravissement indicible, ne put la remercier que par des baisers.

Après avoir laissé à cette allégresse le temps de se calmer, madame de Simeuse demanda :

— Maintenant, chère fille, que j'ai complété le premier bonheur, apprends-moi quel est le second...

La physionomie de Jane se modifia aussitôt, — son doux visage prit une expression radieuse, moins enfantine, plus sérieuse, plus recueillie que la première.

— Au moment où tu venais de partir, — dit-elle en baissant sur ses grands yeux ses longs cils de velours, — mon père a reçu une lettre de René de Rieux, et dans cette lettre il y en avait une à mon adresse...

Pour la première fois depuis son retour, la duchesse laissa s'épanouir sur sa figure une joie sans mélange.

— Cher René ! — s'écria-t-elle. — Lui qui sera mon fils un jour, et que je chéris comme s'il l'était déjà... — Où est-il en ce moment ?

— A Brest, avec son navire.

— Que te dit-il dans cette lettre ?

— Mais, d'abord, — balbutia Jane avec le plus charmant embarras du monde, — il me dit...

Elle s'interrompit.

— Qu'il t'aime toujours, qu'il t'aime plus que jamais, n'est-ce pas?... — acheva madame de Simeuse.

— A peu près... — répondit la jeune fille.

— Mais ce n'est pas tout, je suppose?...

— Oh non ! — Et la voix de Jane se raffermit tout à coup. — Il ajoute qu'il vient d'obtenir la promesse d'un congé, et que dans un mois ou six semaines, au plus tard, il accourra près de nous...

— Et il sera le bienvenu, Dieu le sait!! — s'écria madame de Simeuse avec une vive expansion. — Oh! pourquoi ce congé n'est-il pas immédiat? — Pourquoi n'est-ce pas demain que ton fiancé, chère fille, doit arriver ici?

— Ma bonne mère, — murmura Jane avec un adorable sourire, — si le ministre de la marine daignait me consulter, tu aurais bien vite la preuve que je suis tout à fait de ton avis...

La causerie ainsi commencée se continua pendant plus d'une heure encore, puis la jeune fille, après avoir une dernière fois embrassé et remercié ses parents, regagna sa chambre virginale où elle s'enferma, bien moins peut-être pour y chercher immédiatement le sommeil, que pour y relire à son aise la lettre de René de Rieux, et peut-être aussi pour déposer un baiser furtif sur ces pages charmantes où l'amour débordait.

Le duc et la duchesse restèrent en face l'un de l'autre dans le petit salon du rez-de-chaussée.

— Ma chère Blanche, — dit alors M. de Simeuse à sa femme, — ainsi que notre fille j'ai remarqué la pâleur répandue sur vos traits au moment où vous êtes rentrée, mais je n'ai pu me contenter, comme Jane, d'une explication insuffisante... — Vous êtes émue, préoccupée, inquiète, cela me paraît évident... — Est-ce que je me trompe ?...

— Non, mon ami, vous ne vous trompez pas...

— Qu'y a-t-il donc ?

— Des choses bien graves, bien effrayantes...

— Expliquez-vous, chère Blanche, vos paroles m'épouvantent malgré moi !... — Un malheur menace-t-il quelqu'un dans dans cette maison ?

— Un malheur nous menace tous, puisque Jane est en péril !...

— Jane en péril !!. — Mais nous sommes là !... — Nous la défendrons !...

Madame de Simeuse secoua la tête.

— Hélas ! — balbutia-t-elle, — c'est horrible à dire !... c'est horrible à penser ! Nous ne pouvons rien, mon ami ! — m'entendez-vous !!... me comprenez-vous ! ! nous ne pouvons rien pour notre enfant!!

M. de Simeuse fit un geste de stupeur.

La duchesse continua.

— Écoutez-moi, Jacques. — J'ai dit ce soir à Jane devant vous que je venais de l'église de Notre-Dame des Sept-Douleurs.

— Est-ce que ce n'était pas vrai?

— C'était vrai... — Vous savez bien que je ne saurais mentir... mais je n'ai pas tout dit... — j'ai été ailleurs encore...

— Où donc?

— Chez une femme dont il est impossible que la renommée sinistre ne soit point arrivée jusqu'à vous..

— Quelle est cette femme?...

— Une centenaire, — Périne Engoulevent, — surnommée par le peuple de Paris *la Goule*...

— Au Logis-Rouge!! — murmura M. de Simeuse avec une sorte d'effroi.

— Au Logis-Rouge, — répéta la duchesse.

— Et là, que s'est-il passé?

— Vous allez le savoir.

XV

LES PRESSENTIMENTS D'UNE MÈRE

Madame de Simeuse commença le récit des faits que nous connaissons déjà; — elle retrouva dans sa mémoire, sans en oublier une seule, les paroles de la Goule; — elle raconta jusque dans ses moindres détails l'évocation étrange et l'apparition fantastique du baron de Kerjean.

Le duc l'écoutait avec un intérêt facile à comprendre. — Son front penché s'appuyait sur sa main, et l'immobilité de ses traits, la fixité de son regard, indiquaient une attention sans bornes.

— Que dites-vous de ces choses, mon ami, maintenant que vous connaissez la vérité tout entière?... — demanda la duchesse quand elle eut achevé.

M. de Simeuse fut un instant avant de répondre. — Il réfléchissait profondément.

— Je comprends vos craintes, vos inquiétudes, vos angoisses, ma chère Blanche, murmura-t-il enfin, — mais je ne les partage que dans une certaine mesure...

— Doutez-vous donc que la prédiction du 20 février 1752, et celle de ce soir, doivent se réaliser?...

— Non, car un pareil doute serait un acte de folie... — La jeune devineresse d'il y a vingt ans, et la centenaire d'aujourd'hui, n'auraient pu se trouver en si parfait accord par un simple effet du hasard... — D'ailleurs, après l'apparition dont vous avez été témoin il est impossible de ne pas croire ! — Comme vous, j'en ai la conviction, un grand péril menace notre fille...

— Si vous partagez mes croyances, — s'écria la duchesse, — pourquoi donc ne partagez-vous pas mes craintes?...

— Parce que j'ai la ferme confiance que, si grand que soit ce péril, nous le conjurerons !... — Ne comprenez-vous pas comme moi qu'une influence protectrice lutte contre l'étoile néfaste, et lutte victorieusement?... Faut-il vous le prouver ? — C'est facile. — Un seul homme peut sauver Jane... — cet homme, hier encore, était un inconnu pour nous, et nous l'aurions cherché, nous l'aurions appelé en vain... — aujourd'hui notre heureuse chance le place sur notre route et le signale à notre attention... — Le baron de Kerjean n'est-il pas une première fois venu en aide à notre fille menacée? — Ce qu'il a fait déjà, pourquoi refuserait-il de le faire encore?... — M. de Kerjean est bon gentilhomme ; soyez certaine qu'il acceptera avec bonheur et avec orgueil le rôle chevaleresque que lui garde la destinée!... — Nous sommes d'une race qui domine, d'une race qui protège, ne l'oubliez pas, et c'est un grand honneur, un honneur réservé jusqu'à ce jour aux seuls rois de France, que de protéger les Simeuse!...

— Votre confiance me rend un peu de force et de courage, — murmura la duchesse, — et cependant je ne suis pas aussi complètement rassurée que je devrais l'être... — Qui nous affirme que M. de Kerjean, cet homme dont la vie ne touche à la nôtre par aucun point, se trouvera là, près de nous, juste au moment suprême où Jane aura besoin de lui?

— Il y sera, — répliqua le duc, — comptez-y !...

— Par quel moyen obtiendrez-vous ce résultat ?
— Par le plus simple de tous, par celui que j'aime le mieux employer, la franchise absolue. — Avant même de connaître ce qui s'est passé ce soir, je comptais, dès demain, faire à M. de Kerjean la visite que je lui dois pour le remercier de l'immense service qu'il a nous rendu... — Cette visite n'avait que ce seul but, — elle en aura deux maintenant. — Je ne cacherai rien au baron de ce qui nous intéresse à un si haut point ; — je lui révélerai l'étrange caprice du sort qui met dans ses mains les destinées de notre enfant ; — je lui dirai : — *Vous avez déjà d'immenses, d'impérissables droits à notre reconnaissance, — je viens vous demander d'en acquérir de plus grands encore... — soyez le sauveur, soyez le frère de ma fille, baron de Kerjean ; et, en échange de ce que j'attends de vous, je suis prêt, s'il le faut, à vous donner ma vie !...* — Tenez pour assuré, ma chère Blanche, qu'un homme d'honneur saura comprendre ce langage, et qu'il me tendra la main en me répondant : — *Je suis à vous !...*

Quelques instants de silence succédèrent aux dernières paroles de M. de Simeuse, puis la duchesse interrogea de nouveau.

— Mais alors, M. de Kerjean, — dit-elle, — s'il accepte, va devenir le commensal assidu, l'hôte habituel de notre maison?...

— Ne faut-il pas qu'il en soit ainsi?

— Cet étranger se trouvera sans cesse, à toutes les heures, auprès de Jane?

— Auprès de Jane et auprès de vous qui ne quitterez jamais votre fille... — Oui, sans doute... Que voyez-vous de fâcheux ou d'inquiétant à cela?...

— Rien pour Jane, assurément, — mais si ce gentilhomme, admis à une telle intimité, allait sans le vouloir oublier son rôle de frère, et passer de la protection à l'amour?...

— Ceci n'est point à craindre, et je me charge de l'éviter...

— Comment?

— D'abord, notre famille est trop haut placée pour qu'un Kerjean, si vieille que soit sa noblesse, puisse aspirer sans folie à la main d'une fille de notre maison...

— Est-ce que l'amour connaît les distances et s'occupe des inégalités de naissance et de rang?... s'écria madame de Simeuse.

— Quelquefois, en effet, l'amour ne s'en souvient

point assez, mais je saurai faire comprendre au baron, — et, s'il le faut, même je le lui dirai nettement, — que Jane est la fiancée d'un autre ; chose de tout point vraie, qui n'aura rien de blessant pour lui, vous en conviendrez...

— Soit. — Mais ceci n'est pas l'unique cause de mes préoccupations... il en existe une autre, très grave...

— Laquelle ?...

— J'ai peur que cette constante familiarité, cette présence continuelle au milieu de nous d'un gentilhomme qui n'est point notre parent et qui, hier, n'était pas notre ami, n'inquiète et ne froisse René de Rieux.

— L'inquiéter ! le froisser ! — s'écria le duc. — Pourquoi donc ?

— René, vous le savez aussi bien que moi, est passionnément épris de Jane...

— Et certes il a grandement raison de l'aimer, puisqu'elle doit être sa femme ! — interrompit M. de Simeuse.

— Un amant bien épris devient facilement jaloux... — continua la duchesse, — jaloux même sans motifs...

— La jalousie suppose le doute... — dit vivement M. de Simeuse. — Or, douter de Jane serait une insulte impardonnable!... Un tel outrage rendrait René de Rieux indigne de posséder le trésor qui lui est promis !... — Cette jalousie insensée deviendrait même criminelle, puisqu'elle offenserait non seulement ma fille, mais encore et surtout son généreux sauveur... — René ne peut rien pour nous, — dans tout ceci il n'a donc rien à voir... — Je crois d'ailleurs que vous le jugez mal, ma chère Blanche... — Je crois que lorsqu'il apprendra ce qui se passe, il sera le premier à tendre la main au baron de Kerjean et à lui dire : *Soyez mon frère!*...

— Du plus profond de mon âme je souhaite qu'il en soit ainsi!... — murmura la duchesse avec un abattement manifeste. — Dieu veuille que René de Rieux et M. de Kerjean puissent en effet devenir amis!...

— Que se passe-t-il donc ce soir en vous, ma bien-aimée Blanche?... — demanda M. de Simeuse. — Il me semble que je réussis mal à vous rassurer!... Tandis que je m'efforce de vous faire partager ma confiance et mon espoir, je vois vos regards s'assombrir et votre front se charger de nuages... Je vous en supplie, parlez-moi franchement, sans réticences, sans arrière-pensée... — Y a-t-il donc quelque chose que vous ne m'ayez pas encore dit?...

Pendant trois ou quatre secondes, madame de Simeuse hésita; puis enfin, incapable de dominer plus longtemps son émotion, elle s'écria :

— Eh bien, oui, il y a quelque chose... — il y a mon cœur qui tremble et mon âme qui se révolte!... — Dussiez-vous m'accuser de folie, Jacques, et vous le ferez sans doute, il faut bien que vous le sachiez... — cet homme me fait peur!...

— Le baron de Kerjean?...

La duchesse ne répondit que par un geste d'affirmation énergique.

— Mais c'est impossible!... c'est insensé!... c'est coupable!... — reprit vivement M. de Simeuse. — Je vous entends, et je ne puis vous croire! — Eh quoi! ce gentilhomme qui défendait hier notre enfant si noblement, si généreusement, au péril de sa vie, ne vous inspire que de l'épouvante!... — Est-ce bien vous, Blanche, qui parlez? Est-ce ainsi que vous payez une dette sacrée de reconnaissance?...

— Que puis-je vous répondre?... — Vous m'accablez, mais sans me convaincre!... — Si la raison est de votre côté, l'instinct maternel est du mien!...

— Je sais bien que je devrais être aux genoux du baron de Kerjean... — je sais bien que je devrais le bénir et l'aimer, cet homme qui déjà m'a rendu ma fille, et qui doit la sauver encore!... — Je le devrais, je le voudrais... et cependant je ne peux pas!... — Une voix mystérieuse, cette voix des anges, cette voix de Dieu, qui parle au cœur des mères, me crie de prendre garde, m'avertit que cet homme sera fatal à notre enfant... qu'il amènera le malheur dans notre maison... — Hier, pendant que mes lèvres murmuraient les expressions d'une reconnaissance ardente, mon cœur restait glacé... — et cependant, vous le savez bien, je ne suis point ingrate!... — Je le regardais, ce baron de Kerjean, et mes mains frissonnaient en pressant les siennes... ses yeux me remplissaient de terreur... son visage si noble et si beau me semblait effrayant... — Ce soir je l'ai revu... — Son image, évoquée par la magicienne, son image immobile et pâle m'a paru plus sinistre encore... — Vainement la voix prophétique me disait : *C'est un sauveur!*... — l'autre voix, celle qui vient du ciel et parle pour moi seule, me répétait tout bas : — *C'est un mauvais génie!*...

M. de Simeuse, rempli d'une douloureuse stupeur, écoutait en baissant la tête les paroles que la duchesse prononçait avec une agitation fiévreuse.

— Blanche, — s'écria-t-il quand sa femme eut achevé, — ne comprenez-vous pas le mal que vous me faites et l'horrible situation dans laquelle vous me placez?... — J'espérais ranimer votre courage, et c'est vous qui brisez le mien !... — Devons-nous donc désespérer tout à fait? — Jane est-elle perdue sans ressource?... Où est le mensonge? où est l'erreur? — Faut-il écouter l'oracle? — Faut-il croire à vos pressentiments maternels? — Que décider?... que devenir?... — Où je voyais le salut, vous me montrez l'abîme!... — Ma tête s'égare, ma raison chancelle, et je suis prêt à pleurer notre enfant que je croyais presque sauvée !!

Le duc, anéanti, se laissa retomber sur le fauteuil qu'il avait quitté quelques instants auparavant, et de grosses larmes mouillèrent ses joues décolorées.

Madame de Simeuse eut alors un mouvement sublime.

Comprenant qu'il fallait, même au prix du sacrifice de ses convictions, rendre l'énergie à ce cœur de père, elle s'agenouilla devant son mari, et prenant une de ses mains qu'elle appuya contre son cœur par un geste à la fois respectueux et tendre, elle lui dit :

— Au nom du Dieu tout-puissant, Jacques, — au nom de notre fille chérie, — pardonnez-moi ! — je vous le demande à genoux?... — J'ai été faible !...
— A l'heure où nous sommes, la faiblesse est un crime, je le sais ; mais je suis femme, je suis mère, voilà mes excuses... — J'aurais dû vous cacher mes folles terreurs... — je les déplore, — je saurai les chasser... — Vous êtes un homme, — le chef d'une race, — vous êtes mon seigneur et mon maître, — en vous est la force et la raison... Je remets dans vos mains prudentes ma volonté, mon cœur et mon âme... — La route que vous suivrez sera la mienne, je vous le jure... — Nous voulons l'un comme l'autre le salut de notre fille, mais vous le voulez mieux que moi... — Commandez, mon seigneur, et votre servante obéira... agissez et, quelque chose que vous ayez faite, votre servante dira : *C'est bien !...*

M. de Simeuse, profondément touché, releva la duchesse, la serra dans ses bras et la tint longtemps appuyée contre son cœur.

— Noble et chère compagne, — pauvre mère ! — murmura-t-il ensuite, — Dieu vous doit une récompense éclatante... — Il est trop juste pour ne pas vous l'accorder... il est trop bon pour vous la faire attendre!... — Espérez, Blanche, espérez.

— Oui... oui... — balbutia madame de Simeuse à travers des larmes abondantes provoquées par l'émotion et l'attendrissement, et qui soulagèrent un peu son âme, — Dieu est bon... Dieu est juste... Dieu est miséricordieux... il nous laissera notre enfant...

§

Le lendemain, la duchesse se montra calme et presque souriante. — Si des orages de douleur et d'angoisses grondaient encore dans son cœur, du moins elle savait les enfermer en elle-même avec un courage héroïque, et nulle trace de ces tempêtes intérieures ne se voyait sur son visage.

Immédiatement après le dîner, — repas qui se prenait à midi au dix-huitième siècle, — M. de Simeuse songea à mettre à exécution le projet que nous l'avons entendu formuler quelques heures auparavant — nous voulons parler de sa visite au baron de Kerjean.

Il donna l'ordre d'atteler quatre chevaux à l'une

de ses voitures *de gala*, et de faire prendre à ses gens la grande livrée ; lui-même se mit en devoir de revêtir un costume de cérémonie, comme s'il avait été question pour lui de s'en aller à Versailles faire sa cour au roi Louis XV.

M. de Simeuse, — à une époque toute de cérémonies et d'apparat, — se disait, et non sans raison, qu'il ne pouvait témoigner une trop haute estime et de trop grands égards au gentilhomme de qui il avait déjà tant reçu, et à qui il se proposait de tant demander encore.

Ces divers préparatifs étaient achevés. — Les quatre chevaux du splendide attelage piaffaient devant le perron, difficilement contenus par la main tout à la fois légère et ferme d'un énorme cocher couvert de fourrures et de galons.

M. de Simeuse, debout dans le petit salon qui faisait suite aux appartements de réception, embrassait sa femme et Jane et leur disait tendrement : — *A bientôt...*

Il allait sortir.

A ce moment la porte cochère en chêne, sculptée comme les bahuts du temps de la Renaissance, s'ébranla sous un maître coup de marteau qui ne pouvait annoncer qu'une visite importante. Pres-

que aussitôt cette porte s'ouvrit à deux battants.
— Un élégant carrosse, traîné par deux chevaux gris de fer d'une distinction irréprochable, sillonna le sable de la cour et vint s'arrêter à côté de l'équipage ducal.

Quelques mots furent échangés entre les laquais de ce carrosse et les valets de pied de l'hôtel de Simeuse, et l'un de ces derniers accourant au petit salon, demanda :

— Madame la duchesse recevra-t-elle M. le baron Luc de Kerjean ?...

XVI

UNE DEMANDE EN MARIAGE

A ce nom de Kerjean, que depuis la veille au soir la voix sombre de ses pressentiments lui répétait sans cesse, madame de Simeuse pâlit d'une manière effrayante et fut au moment de se trouver mal; mais grâce à l'énergie de sa volonté elle triompha bien vite de ce premier mouvement dont le duc s'aperçut à peine, et qui échappa d'une manière absolue à l'attention distraite de Jane.

— Je suis prête à recevoir M. de Kerjean... — répondit la duchesse d'une voix ferme, — ne le faites point attendre...

Le valet de pied sortit.

— Il est fort contrariant pour moi d'être ainsi prévenu par le baron!... — murmura M. de Simeuse. — Je me suis mis en retard ! — j'aurais dû me hâter, dès hier, de me rendre chez lui...

En même temps il quitta le petit salon pour aller à la rencontre de son visiteur.

A peine avait-il refermé la porte derrière lui que la duchesse prit Jane dans ses bras, et la pressa contre sa poitrine avec une si vive impétuosité de passion que la jeune fille en ressentit quelque surprise.

— Pourquoi donc, mère chérie, — demanda-t-elle, — pourquoi donc m'embrasses-tu si fort?... — On croirait que tu vas t'éloigner de moi pour longtemps, ou que quelque danger me menace...

— Je t'embrasse parce que je t'aime, et tu sais bien que rien au monde ne peut nous séparer pour une longue absence... — répliqua la duchesse. — Quant au danger dont tu parles, quel danger pourrait t'atteindre entre ton père et moi?...

Jane se contenta de cette réponse, et elle embrassa sa mère à son tour.

— Est-ce qu'il est indispensable, ou seulement utile que j'assiste à la visite qui t'arrive ? — fit-elle ensuite.

2.

— Désires-tu rester ?

— En aucune façon. — Certes M. de Kerjean m'est venu en aide, avant-hier, d'une manière chevaleresque et avec une admirable bravoure... — je lui dois beaucoup de reconnaissance, je le sais bien, et pourtant ce gentilhomme ne m'est pas sympathique ; il m'inspire une sorte de crainte... — Comprends-tu cela, ma mère ? Il me semble que ce sentiment est coupable... il me semble que je suis ingrate...

— Non, mon enfant, non... — répondit vivement la duchesse. — Rassure-toi... — Rien, au contraire, n'est plus innocent que cette répulsion... — Le cœur a des sympathies subites, comme aussi des antipathies soudaines et instinctives, en quelque sorte... — On ne saurait leur commander... — parfois même il est prudent de leur obéir... — Ton âme est celle d'un ange, et tu n'as aucune ingratitude à te reprocher... — Mais j'entends ton père et M. de Kerjean... — Viens, que je t'embrasse une fois encore, et retire-toi, puisque tu le souhaites...

Jane apporta son front charmant aux lèvres de sa mère, et disparut par une porte latérale au moment où le duc et le baron entraient ensemble dans le petit salon.

Le gentilhomme breton semblait transfiguré depuis la veille. — Les précoces flétrissures de son visage, stigmates révélateurs d'une vie de désordre et de débauches nocturnes, avaient miraculeusement disparu, grâce à de puissants élixirs composés par la Goule qui possédait les secrets de la conservation comme ceux de la destruction. — Rien ne pouvait, sinon égaler, du moins surpasser la magnificence harmonieuse de son costume, dont les étoffes, les couleurs et la coupe étaient d'un goût irréprochable.

Quelques joyaux, d'un prix énorme, — au moins en apparence, — complétaient sa parure et joignaient la richesse à l'élégance. — Parmi ces joyaux, nous devons citer un diamant de surprenante grosseur, entouré de rubis balais, et formant la tête de l'épingle d'or qui fermait les plis d'un jabot de point d'Alençon.

Des connaisseurs n'eussent pas manqué d'attribuer à ce diamant une valeur de cent mille écus, tout au bas mot. — Il valait en réalité trois cents livres, et n'était autre chose qu'une sorte de *strass*, résultant d'une combinaison chimique de Périne. — Ce morceau de cristal lumineux, admirablement taillé et entouré de véritables rubis d'une grande pureté, lançait des feux prismatiques d'un effet prodigieux et, sauf le poids et la dureté, il réunissait toutes les qualités des diamants de la plus belle eau.

Sous ce costume digne d'un prince, le baron de Kerjean éblouissait par sa mine de grand seigneur, par la perfection de ses traits, par la grâce de sa tournure, par la dignité de son attitude. — On pouvait être beau d'une autre manière, mais il était impossible de l'être davantage. — Il le savait, il en était certain, et cette certitude donnait à ses manières cette parfaite aisance qui fait rarement défaut à l'homme assuré de plaire.

C'est à peine si madame de Simeuse reconnut en lui le pâle fantôme de gentilhomme évoqué la veille, au milieu d'un cercle magique, par les maléfices de la Goule.

Nous ne reproduirons point pour nos lecteurs les préliminaires d'un entretien qui fut long et dont la conclusion seule devait avoir une importance capitale. — Il nous suffira d'affirmer que pendant toute la durée de cet entretien le baron ne cessa pas un instant de faire preuve du tact le plus exquis et de l'esprit le plus brillant et le plus fin. — Il accueillit avec une modestie qui semblait de bon aloi les actions de grâces enthousiastes de M. de Simeuse au sujet de son héroïsme ; — il trouva moyen de montrer du cœur en s'associant, avec une chaleureuse émotion, aux joies ardentes d'une mère à qui l'on ramène son enfant unique, arrachée par miracle à un péril presque mortel. — Enfin, ce fut après s'être mis en scène avec une incomparable habileté, sous ses aspects les plus séduisants, qu'il se décida à aborder le véritable sujet de sa visite à l'hôtel Simeuse.

Au moment d'entamer le premier coup d'une partie d'où dépendaient sa fortune, son avenir, sa liberté, Luc de Kerjean éprouva malgré lui cette violente trépidation intérieure qui remue, dit-on, jusque dans leurs entrailles, les joueurs dont la main laisse tomber sur le tapis vert les dernières pièces d'or, humbles épaves d'une opulence disparue, unique et suprême espoir...

Luc cependant croyait avec une foi sans bornes, non seulement au succès, mais encore au succès facile.

— Comment cette famille repousserait-elle ma demande ? — se disait-il, — comment me refuserait-elle la main de Jane, puisque en échange de cette main je lui apporte le salut... je lui apporte la vie de son enfant bien-aimée !...

Luc se disait cela, et malgré tout, nous le répétons, les battements de son cœur s'accéléraient ; — des tressaillements fébriles fouettaient son sang dans ses veines.

Ceci ne l'empêchait point d'aller droit au but, sans hésitation, sans réticence, mais avec une émotion de commande.

— C'est presque avec terreur, monsieur le duc, — murmura-t-il, — c'est à coup sûr avec un trouble profond, madame la duchesse, que je me hasarde à vous ouvrir mon âme tout entière, à vous dévoiler mes rêves ambitieux et peut-être insensés... — La conscience du peu que je suis et du peu que je vaux semblait me faire une loi d'un silence éternel... — Votre touchante bienveillance m'encourage à parler... — Écoutez-moi donc avec l'impartialité sereine de juges qui vont prononcer un arrêt... car c'est mon arrêt que je vais entendre... Vous tenez dans vos mains mon bonheur éternel ou mon éternel malheur... vous allez décider de moi...

M. de Simeuse, ne devinant point encore où le sauveur de Jane en voulait venir, le regarda d'un air étonné et interrogateur.

La duchesse, mieux éclairée par cet instinct ma-

ternel qui ne l'abandonnait jamais et dont nous
avons entendu déjà le langage douloureux et effrayant, comprit tout dès ces premiers mots. —
Son cœur cessa de battre, serré par une poignante
angoisse. — Un tremblement nerveux secoua ses
membres et la contraignit à se laisser tomber sur
un siège ; — enfin elle se dit à elle-même avec un
redoublement d'épouvante :

— Oh ! mes pressentiments ! mes pressentiments !!...

L'émotion visible de madame de Simeuse n'échappa point au baron de Kerjean, qui s'en alarma
et sentit naître en lui cette pensée, — rapide et
lumineuse comme un éclair, — qu'il allait trouver
dans la duchesse non point une alliée, mais une
ennemie, défiante, éclairée, redoutable. — Le sort
en était jeté..., — il ne pouvait revenir sur ses pas ;
— il ne pouvait non plus s'écarter de son rôle en
interrogeant. — Il continua donc :

— Ne m'accablez pas, monsieur le duc, — ne
m'accablez pas, vous non plus, madame, lorsque
mon secret vous appartiendra... — Ce secret qui
brûle mes lèvres, le voici : — j'aime mademoiselle
de Simeuse.

Le duc fit un brusque mouvement de surprise.

— Vous aimez Jane, monsieur le baron ! — s'écria-t-il, tandis que madame de Simeuse, à demi renversée sur son fauteuil, poussait un sourd gémissement. — Ai-je bien entendu ? ai-je bien compris ?

Le baron de Kerjean s'inclina.

— Vous avez parfaitement entendu et parfaitement compris... — reprit-il. — J'aime mademoiselle votre fille, du plus respectueux, du plus ardent, du plus impérissable de tous les amours.

— Mais, — balbutia M. de Simeuse, — vous la connaissez à peine... vous ne l'avez vue qu'une seule fois... vous ne pouvez l'aimer.

— Est-il besoin de contempler le soleil à deux reprises pour être ébloui, pour être aveuglé par ses rayons ? — répliqua Kerjean avec vivacité. — J'aime mademoiselle Jane de toutes les forces de mon cœur, de toutes les puissances de mon âme, et j'ai l'honneur de vous demander sa main.

Le baron se tut.

M. de Simeuse au comble de l'embarras ne répondit pas tout d'abord. — La duchesse, muette comme son mari et la tête renversée en arrière, semblait évanouie, tant son visage était morne et livide.

M. de Kerjean comprit que sa situation devenait difficile. — Il fallait rompre au plus vite ce silence de mauvais augure. — Il se hâta de reprendre la parole.

— Rendez-moi cette justice, monsieur le duc, — dit-il, — d'être au moins convaincu que je ne m'abuse ni sur l'impudence de mes désirs, ni sur l'audace de mes ambitions... — Suis-je de race princière ou ducale, pour aspirer à la main d'une fille de la maison de Simeuse? — Ai-je une de ces prestigieuses fortunes qui semblent presque justifier de folles espérances ? — Oh ! que ne suis-je né sur un trône ! — Avec quelle joie délirante, avec quel profond bonheur, je mettrais ma couronne aux pieds de l'adorable enfant que j'aime !... — Hélas ! je ne suis qu'un humble gentilhomme, de race antique il est vrai, et l'allié, depuis des siècles, des plus illustres familles de France... — Ma fortune est modeste... — Je possède à peine quelque dix mille écus de rente et le vieux manoir de mes pères au bord de l'Océan. — Qu'est-ce que cela, auprès de ce que vous avez le droit d'attendre et d'exiger ? — Rien, — moins que rien, — je le sais. — Aussi, je ne vous dis point : — Je suis noble ! — Je ne vous dis point : Je suis riche ! — Je vous dit : — J'aime de toute mon âme mademoiselle Jane et, si vous consentiez à me la donner pour femme, je vous jure, sur mon honneur de gentilhomme, je vous jure que je la rendrais heureuse.

Un court intervalle de silence suivit ces derniers mots prononcés avec une chaleur entraînante.

M. de Simeuse releva la tête, qu'il avait tenue penchée sur sa poitrine pendant le discours de Kerjean.

Il allait parler.

Le baron ne lui en laissa pas le temps.

— Je vous en supplie, — s'écria-t-il, — je vous le demande comme une grâce, je l'implore de vous comme un bienfait, ne me répondez pas en ce moment. — Jusqu'à l'heure où vous aurez prononcé l'arrêt qui fera crouler mes rêves, il me restera l'espérance... — Laissez-moi jusqu'à demain la jouissance de ce bien suprême. — Demain je reviendrai vous demander cette parole qui fera de moi le plus triomphant ou le plus désespéré des hommes... — Mais, quel que doive être mon sort et quoi que votre sagesse décide, je saurai, s'il le faut, vous cacher les souffrances de mon cœur brisé... — vous n'entendrez ni un cri d'angoisse, ni un gémissement... — mes yeux resteront secs devant vous, et mes lèvres souriantes. — Je sortirai de cet hôtel comme j'en vais sortir aujourd'hui, avec l'apparence d'un homme heureux ; — le même soir j'aurai quitté Paris, trois jours après j'aurai quitté la France, j'emporterai sur quelque terre lointaine un souvenir ineffaçable, et une souffrance qui durera aussi longtemps que ma vie... — Madame la duchesse, je mets à vos pieds mes respects les plus humbles... — Monsieur le duc, j'aurai l'honneur de vous revoir demain.

Et Kerjean, après avoir salué ses hôtes avec une grâce et une dignité parfaites, se dirigea vers la porte du petit salon et l'atteignit avant que les Simeuse fussent revenus de la profonde stupeur dans laquelle ils étaient plongés l'un et l'autre.

Cependant le duc revint à lui-même assez vite pour rejoindre le gentilhomme dans le grand salon de réception.

Il l'accompagna non seulement jusqu'au vestibule, mais encore jusqu'au perron, au bas des degrés duquel attendait l'élégant équipage qui avait amené M. de Kerjean.

Aucune parole ne fut d'ailleurs échangée entre les deux hommes tandis qu'ils accomplissaient côte à côte ce long trajet.

Le Breton s'élança dans son carrosse et répéta, en se penchant à la portière et en saluant une dernière fois :

— A demain, monsieur le duc...

Puis, aussitôt que l'attelage se fut ébranlé, il se dit à lui-même avec une expression indéfinissable :

— De par tous les diables de l'enfer, cette affaire marche moins vite et moins droit que je ne l'aurais cru !... — Madame la duchesse est mon ennemie, ceci est clair comme le jour !... — Pourquoi ?... — Je l'ignore, mais je le saurai... — Aujourd'hui, si je n'avais eu la prudence de repousser une réponse immédiate, j'allais très évidemment échouer... — Demain ces gens-là auront réfléchi... — La nuit porte conseil ! — Les Simeuse ne peuvent se passer de moi, ou du moins ils le croient, ce qui revient au même !... — L'annonce de mon départ pour un lointain voyage ne saurait manquer de produire un puissant et excellent effet... — D'ailleurs, je les tiens autrement encore... — Le hasard, en jetant sur ma route cette bohémienne, cette gitane, ce vivant portrait de la belle Jane, a mis le duc et la duchesse à ma discrétion !... — Qu'ils prennent garde !... — Grâce à cette ressemblance inouïe, leur fille sera compromise et flétrie par moi

quand je le voudrai!... et alors, cette fille déshonorée, perdue, il faudra bien qu'ils la jettent dans
mes bras!... — Bref, quoi que décident les Simeuse,
et quel que soit le chemin qui doive me conduire
au but, j'arriverai!... — Oui, j'arriverai!... je me
le jure à moi-même!...

Et le baron Luc de Kerjean se frotta joyeusement les mains.

XVII

LE PÈRE ET LA MÈRE

M. de Simeuse, en rentrant dans le petit salon, trouva la duchesse agenouillée devant un magnifique tableau de Le Sueur, représentant les Saintes Femmes au tombeau du Christ.

Ses larmes coulaient avec abondance, et son visage offrait l'expression de douleur sublime empreinte par le pinceau du grand artiste sur le visage de la Vierge mère.

En entendant approcher son mari, elle tourna vers lui sa belle tête désolée, et elle murmura d'une voix dont l'altération était effrayante :

— Vous voyez bien que je ne me trompais pas!...

— vous voyez bien que je devinais juste et que cet homme sera le mauvais génie de notre famille.

Nous croyons pouvoir l'affirmer, les inquiétudes de M. de Simeuse égalaient les angoisses de la duchesse... — cependant il répondit avec un calme apparent :

— Il me semble, ma chère Blanche, que vous vous exagérez beaucoup les difficultés et les dangers de la situation.

Les regards de madame de Simeuse s'attachèrent sur les yeux de son mari pour une muette interrogation.

— Sans doute — continua le duc — la prétention de M. de Kerjean est un peu bien outrecuidante, — je ne fais nulle difficulté d'en convenir, — mais, après tout, cette démarche en elle-même n'a rien d'alarmant, et le baron a formulé sa demande audacieuse d'une façon pleine d'humilité qui sauve le fond par la forme... M. de Kerjean est incontestablement un bon gentilhomme, et de plus je le crois un très galant homme... — il est follement épris de Jane, qui certes est assez belle et assez charmante pour inspirer à première vue une passion violente. — Ceci est malheureux pour lui, très malheureux même... mais en quoi cet amour soudain et insensé, parfaitement respectueux d'ailleurs, nous autorise-t-il à traiter en ennemi ce seigneur à qui nous avons déjà de si notables obligations?

— Comment, — s'écria la duchesse avec une impétuosité qui décelait la violence de ses sentiments et de ses terreurs, — vous ne comprenez pas que Jane est perdue !... perdue sans ressource ! — vous ne comprenez pas cela ! vous, son père...

— Perdue !... — pourquoi et de quelle manière ?...

— De toutes les manières et quoi qu'il arrive !...

— Je ne saurais partager cette désolante conviction, puisque M. de Kerjean peut sauver notre fille.

— Il ne la sauvera pas !

— Blanche, songez-vous bien à ce que vous dites?

— Je vous parle avec une certitude absolue ! — le baron de Kerjean ne sera pas le sauveur de Jane !...

— Voulez-vous me faire entendre qu'il refusera de nous venir en aide ?...

— Il refusera, si vous repoussez sa demande...

— Ce serait le fait d'un homme sans cœur et sans âme !...

— Je ne crois ni au cœur, ni à l'âme de M. de Kerjean!...

— Eh bien, dans cette extrémité, il nous resterait encore une suprême ressource.

— Laquelle?...

— Celle d'accepter le baron pour gendre...

Madame de Simeuse joignit ses deux mains avec désespoir.

— L'accepter pour gendre! — s'écria-t-elle. — Ah! je vous disais bien que notre malheureuse enfant était perdue, — perdue sans espoir!... — Oubliez-vous qu'elle aime René de Rieux, son fiancé, de cette tendresse profonde et sainte qu'une fille chaste et noble comme elle n'éprouve qu'une fois en sa vie?... — L'âme de ma fille est faite à l'image de la mienne!... — j'aurais mieux aimé mourir que de renoncer à vous!... — Jane n'achètera point le salut au prix d'une trahison...

— Est-ce trahir que céder à la fatalité?... — Je connais René, — je réponds de lui! — S'il lui faut choisir entre Jane couchée dans un linceul, et Jane vivante et perdue pour lui, il ne prononcera pas un arrêt de mort! — il nous rendra notre parole, — il déliera sa fiancée de ses serments...

3.

— Jane n'acceptera point cette liberté... — elle restera fidèle, quand même...

— Il m'est impossible de le croire... A vingt ans l'avenir est si long et la vie semble si belle!...

— L'avenir est effrayant et la vie pleine d'amertume pour les cœurs bien aimants dont on veut briser l'amour...

— Mais alors... alors... — balbutia le duc avec un immense découragement, — il ne nous reste donc plus qu'à courber la tête et à pleurer notre fille encore vivante comme si déjà elle était morte?

Madame de Simeuse ne répondit pas.

— Pour un tel sacrifice, — continua le vieillard, — la force et le courage me manquent!... — Depuis vingt ans Jane est ma joie, mon orgueil et mon espoir. — Je ne puis perdre tout cela sans tomber écrasé sous le fardeau de mes douleurs... — Je me jetterai aux pieds de ma fille, s'il le faut, pour la conjurer de renoncer à René et de devenir la femme de Kerjean, — je la supplierai, à deux genoux, les mains étendues, les yeux en pleurs, de vivre malheureuse, mais de vivre pour moi....

— Vous êtes ici le seigneur et le maître, — murmura madame de Simeuse d'une voix sourde, — que votre volonté soit faite...

— A vous aussi, chère Blanche, — poursuivit le duc, — il faut que j'adresse une prière...

— J'obéirai à cette prière comme à un ordre...

— Il me semble que nous n'avons pas le droit de cacher à Jane ce qui se passe et le danger qui la menace...

— Je le crois comme vous.

— Chargez-vous de cette révélation... — qu'elle apprenne de votre bouche la vérité tout entière...
— parlez-lui du baron de Kerjean, et faites lui prévoir la nécessité fatale d'une alliance avec lui...

— Je le ferai, mais prenez garde!... — En ce moment vous agissez en aveugle...

— Que voulez-vous dire?

— Dans votre tendresse égoïste, vous consentez à voir Jane malheureuse, pourvu qu'elle reste vivante... — Cependant, n'est-ce pas, vous aimeriez mieux votre fille morte, que votre fille déshonorée?

— Vous le savez bien, Blanche... — toute chose plutôt que la mort, mais la mort plutôt que le déshonneur!

— Eh bien, assurez-vous du moins, avant de passer outre, que l'homme qui ose aspirer à la main de Jane est un homme d'honneur, et que le nom offert à votre fille n'est point un nom flétri...

— Eh quoi! — s'écria M. de Simeuse, — soupçonneriez-vous?...

La duchesse l'interrompit.

— J'ai des pressentiments, vous le savez, d'instinctives défiances, et rien de plus, — dit elle, — mais il ne s'agit en ce moment ni de soupçons, ni de suppositions, — il faut que vous ayez des certitudes, — il faut que vous connaissiez dès aujourd'hui le passé et le présent du baron de Kerjean.

— Vous avez cent fois raison, ma chère Blanche, et je ne veux pas perdre une minute... — Avant ce soir j'aurai des renseignements d'une exactitude et d'une précision inattaquables...

— A quelle source les puiserez-vous?

— A la meilleure de toutes... — M. de Sartines (1), lieutenant général de la police du royaume est dans les meilleurs termes avec moi et n'a rien à me refuser... il fera compulser tous ses dossiers pour m'être agréable, et s'il y a quelque chose de douteux et de suspect dans l'existence du baron, il ne me le laissera point ignorer...

— Quand irez-vous trouver M. de Sartines?

---

(1) C'est par erreur que dans le précédent volume le nom de M. Thiroux de Crosnes a été imprimé à la place de celui de M. de Sartines.

— A l'instant même.

— Faut-il donner l'ordre d'atteler?

— C'est inutile... — J'allais monter en voiture au moment de l'arrivée du baron de Kerjean... — mes gens attendent encore...

— Allez donc, mon ami ; moi, pendant votre absence et conformément à votre intention, je parlerai à notre fille bien-aimée... — Vous saurez, à votre retour, ce que Jane aura résolu...

Le duc et la duchesse se séparèrent.

M. de Simeuse monta dans le carrosse de gala que nous avons laissé stationnant au bas du perron, et dit au valet de pied qui venait prendre ses ordres afin de les transmettre au cocher :

— A l'hôtel du lieutenant de police.

En même temps la duchesse, après avoir fortifié son âme par une nouvelle prière, gagna le premier étage et se dirigea vers la chambre virginale de la pauvre enfant, autour de laquelle s'enchevêtraient les fils d'une si formidable intrigue.

XVIII

UNE DÉCISION

La chambre de Jane était un véritable sanctuaire aussi pur que la jeune fille, aussi chaste que son âme. — En franchissant le seuil de ce retrait pudique, il semblait impossible de ne point deviner que l'enfant qui l'habitait était une vierge au cœur d'ange.

Rien dans l'ameublement de l'héritière des Simeuse ne rappelait les modes prétentieusement coquettes, les recherches efféminées d'une époque galante et corrompue. — Tout était simple, presque sévère, et datait d'un autre âge.

Sur les boiseries blanches, dont un filet d'or

mat rehaussait les moulures, se voyaient deux tableaux seulement : une *madone* de Murillo, un *Enfant Jésus* du Corrège. — Un grand et admirable bénitier de faïence italienne, couronné de rameaux de buis bénit, se suspendait à la muraille entre les colonnes torses d'un lit d'ébène du temps de la Renaissance. — Quatre grands fauteuils de la même époque, — une petite table carrée, supportant un vase d'argent ciselé par le Florentin Benvenuto Cellini et rempli de fleurs sans parfums, — un prie-Dieu ouvragé comme un bijou de femme, — un miroir de Venise incliné au-dessus de la cheminée, — et enfin une horloge de Boulle sur son socle d'écaille et de cuivre, complétaient le mobilier de la chambre qui nous occupe.

Au moment où la duchesse entra dans cette chambre Jane, assise à l'angle du foyer, la tête renversée en arrière et le regard perdu au plafond dont elle contemplait distraitement les arabesques, Jane, disons-nous, tenait ouverte sur ses genoux la lettre de René de Rieux, son fiancé.

Cette lettre, elle l'avait relue vingt fois peut-être. — Elle en savait par cœur chaque mot, et cependant, tandis qu'elle souriait aux mirages d'un avenir qu'elle croyait certain, il lui plaisait de toucher du bout de ses doigts, comme une réalité palpable, son papier satiné... :

Jane se leva pour aller au-devant de sa mère, et la bienheureuse lettre, promptement repliée, reprit sa place dans le corsage de la jeune fille.

— Te voilà libre, mère chérie?... — demanda mademoiselle de Simeuse en embrassant la duchesse. — M. de Kerjean vient de partir?

— Oui, mon enfant.

— Mon père est sorti?...

— Presque aussitôt après le départ du baron...

— Il fallait me faire prévenir, je serais descendue près de toi...

— Je préférais venir te rejoindre... — il me semble qu'ici, dans cette chambre, asile inviolable où nul n'a le droit de pénétrer, nous serons plus isolées du reste du monde, plus près l'une de l'autre, plus seules enfin, pour parler cœur à cœur... pour causer sérieusement...

— Nous avons donc à causer *sérieusement*, mère chérie? — demanda Jane avec un sourire.

La duchesse fit un signe affirmatif.

— Il s'agit donc de choses graves? — continua la jeune fille.

— Oui.

— Graves, mais non point tristes, j'espère.

Madame de Simeuse ne répondit pas.

— Est-ce que je me trompe? — reprit Jane. — Est-ce que tu vas m'apprendre de fâcheuses nouvelles?

— Tu jugeras toi-même.

— Parle vite, alors, bonne mère, car tu m'intrigues fort, et je pourrais ajouter sans mentir que tu m'épouvantes un peu...

La duchesse s'assit à côté de sa fille. — Elle prit l'une des mains de Jane dans les siennes, et elle dit :

— Sais-tu ce que venait faire tout à l'heure à l'hôtel le baron de Kerjean ?

Mademoiselle de Simeuse secoua la tête.

— Comment le saurais-je ? — répliqua-t-elle.

— Il venait te demander en mariage.

Jane, en entendant ces paroles, eut un éclat de rire joyeux et enfantin, qui fit étinceler ses dents blanches entre ses lèvres rouges.

— M. de Kerjean me demande en mariage? — s'écria-t-elle ensuite. — C'est vrai, cela? c'est sérieux?...

— Rien n'est plus sérieux et rien n'est plus vrai.

— Tu m'étonnerais moins en m'annonçant que

les rosiers du Jardin-du-Roi sont couverts de fleurs aujourd'hui 21 février, jour des Cendres ! — Et sous quel prétexte cette demande?

— Sous le prétexte qu'il est amoureux de toi et que, si nous ne lui accordons point ta main, la vie va lui devenir odieuse.

— Amoureux de moi! M. de Kerjean!... — mais c'est impossible! — il me connaît à peine.

— Il te connaît, dit-il, assez pour t'adorer...

— Heureusement je ne crois pas à cet amour; sans cela je regretterais de contrister ce gentilhomme, et de payer par une douleur le grand service qu'il m'a rendu. — Comment a-t-il pris le refus de mon père et le tien?

— Nous n'avons pas refusé, — murmura la duchesse.

Jane regarda sa mère avec une stupeur profonde.

— Comment! — s'écria-t-elle d'un ton presque irrité, — comment! vous n'avez pas refusé?

— Non.

— Mais, alors qu'avez-vous répondu?...

— Rien.

— Pourquoi?

— Parce que, avant de répondre, il me fallait te consulter et connaître ta décision.

Jane passa sa main sur son front comme pour en écarter un nuage.

— Il me semble, — dit-elle ensuite, — il me semble, que je viens de m'endormir et que je fais un songe bizarre... —J'entends bien tes paroles, mais elles n'offrent à mon esprit aucun sens distinct — Si je dors, éveille-moi, je t'en prie... —si véritablement tu me parles, explique-moi ce que je ne puis comprendre...

Pour toute réponse, madame de Simeuse répéta sa dernière phrase.

— Me consulter! — murmura Jane dont la stupeur redoublait. — Connaître ma décision !... — Tu me dis cela quand, mon père et toi, vous avez fait de moi la promise de René de Rieux !! — Tu me dis cela quand tu sais que mon âme tout entière appartient à René!... — Allons, décidément je rêve... — je rêve, ou je deviens folle !!...

— Jane, mon enfant chérie, — reprit madame de Simeuse, — interroge ton cœur... — Es-tu bien sûre d'aimer ton fiancé?...

— Si j'en suis sûre!! — répliqua fièrement la jeune fille. — Oh! ma mère !!...

— Es-tu bien certaine de l'aimer plus que tout au monde?...

— Plus que je ne vous aime, non, — mais autant — et, à coup sûr, cent fois plus que ma vie!...

— S'il te fallait devenir la femme d'un autre ou mourir, que choisirais-tu?

— La mort sans hésiter... — Mais pourquoi ces questions étranges? — Quel rapport peut exister entre ces alternatives effrayantes au milieu desquelles tu me jettes, et la demande du baron de Kerjean?... — Que se passe-t-il autour de moi sans que je le sache?... — Quel mystère m'environne et que me caches-tu?...

— Je ne te cache rien, mon enfant, — répondit la duchesse, — ou du moins je ne te cacherai plus rien désormais... — Tu vas tout savoir... et ensuite... ensuite... librement et selon ton cœur, tu décideras de toi-même.

— Je t'écoute, ma mère... — balbutia Jane, rendue toute pâle et toute frissonnante par la bizarrerie sinistre de ces préambules.

Ce que la duchesse avait à raconter à sa fille, nous le savons déjà.

Elle la fit remonter avec elle jusqu'au jour de sa naissance dans le vieux logis de la rue de l'Estrapade, — elle lui révéla la prédiction du 20 février 1752, — elle lui dit comment l'horoscope formulé par Yvonne Tréal, vingt ans auparavant, avait été confirmé la veille au soir, dans le Logis-Rouge, et par les paroles de la Goule, et par l'apparition magique de M. de Kerjean. — Elle lui fit enfin toucher du doigt l'épée de Damoclès que la destinée suspendait au-dessus de sa tête, et dont le baron seul pouvait empêcher la chute meurtrière.

Le courage moral de Jane, — nous en aurons la preuve, — atteignait presque à l'héroïsme, et cependant, tandis que sa mère lui parlait, il lui semblait que son cœur cessait de battre, — une sueur glacée mouillait ses tempes, — elle croyait entendre tinter à ses oreilles le glas lugubre de l'agonie, — et dans le fond de son âme elle murmurait :

— Mourir à vingt ans! mourir quand on aime et quand on est aimée!... — Oh! mon Dieu... mon Dieu... n'aurez-vous pas pitié de moi?... n'éloignerez-vous pas de moi ce calice?...

— Maintenant tu sais tout, mon enfant... — ajouta la duchesse lorsqu'elle eut achevé, — maintenant, je n'ai plus de secret pour toi... D'un côté, la perte presque assurée de la vie... — de l'autre le salut certain... — Que décides-tu ?...

Jane releva la tête, et le sourire sublime et résigné qu'on voyait errer jadis sur la bouche des jeunes martyres vint à ses lèvres pâlies.

— Mère chérie, — dit-elle, — pourquoi me demandes-tu cela?... — Connais-tu si mal le cœur de ta fille?... Le danger n'effraye pas une Simeuse et n'excuserait point une trahison!... — Je persiste...

En écoutant cette fière réplique, le cœur de la duchesse battit tout à la fois de douleur et d'orgueil.

Elle prit la tête de Jane dans ses deux mains, et elle embrassa passionnément son front blanc et ses cheveux sombres.

— Mon enfant, — demanda-t-elle ensuite, — que faudra-t-il répondre demain au baron Luc de Kerjean?...

— Il faudra répondre qu'avec votre aveu j'ai donné mon cœur, et que je resterai fidèle jusqu'à la mort à René de Rieux, mon fiancé...

— Alors, — murmura la duchesse, — il ne nous reste d'espoir qu'en Dieu!... Prions, ma fille bien-aimée!... prions!...

— Et que Dieu nous écoute! — ajouta Jane en s'agenouillant à côté de sa mère, — car, en vérité, je suis trop jeune et trop heureuse pour mourir...

§

Deux heures environ après l'entretien que nous venons de mettre sous les yeux de nos lecteurs, le duc de Simeuse rentrait à l'hôtel, après avoir rendu au lieutenant de police la visite dont nous connaissons le but.

M. de Sartines, — ainsi que d'ailleurs le duc y comptait, — s'était mis absolument à ses ordres et, tout en s'excusant de ne pouvoir le satisfaire séance tenante, — les employés les plus actifs et les plus intelligents ayant besoin de quelques heures pour opérer des recherches parmi les immenses dossiers de la police, — avait promis de lui envoyer, dans la soirée de ce même jour, un rapport aussi complet et aussi détaillé que possible sur le baron de Kerjean.

Retournons de deux heures en arrière et prenons note d'un fait presque insignifiant en apparence, mais qu'il est cependant indispensable de connaître pour l'intelligence de ce qui doit suivre.

Au moment où l'attelage de M. de Simeuse franchissait la porte monumentale, tournait à gauche dans la rue des Fossés-Saint-Victor et gagnait la rue Clovis, un homme, portant le costume plus que modeste des *gagne-deniers*, ou commissionnaires, quittait la borne sur laquelle il était assis précisément en face du logis ducal, et se mettait en devoir de suivre l'équipage, ce qui d'ailleurs n'offrait pas de grandes difficultés pour un piéton, malgré l'énergie et la vivacité des chevaux, car il était impossible de conduire rapidement un carrosse dans les rues de cette époque, étroites et encombrées de monde.

Ce gagne-denier vrai ou faux trouva moyen de se maintenir toujours à vingt pas de l'équipage qui courait devant lui. — Il l'accompagna de cette façon jusqu'à l'hôtel du lieutenant de police. — Il s'assura *de visu* que M. de Sartines recevait le duc de Simeuse et, une fois cette certitude acquise, sa mission se trouvant sans doute accomplie, il abandonna le carrosse à la poursuite duquel il s'était attaché jusque-là, et il prit rapidement le chemin du quai Saint-Paul.

Cet homme avait un jarret d'acier. — Maintenant que rien ne ralentissait son allure il dévorait littéralement l'espace. — Sans avoir l'air de courir il allait aussi vite qu'un cheval lancé au grand trot, et il ne se faisait point faute d'écarter, avec la brutalité d'un sanglier qui regagne sa bauge, les gens que leur mauvaise étoile plaçait sur son chemin et qui ne se détournaient point avec une suffisante promptitude.

Il arriva ainsi en face d'une maison, ou plutôt d'un petit hôtel de bonne apparence, élevé d'un seul étage au-dessus du rez-de-chaussée et dont les quatre fenêtres regardaient la Seine.

Au lieu de soulever et de laisser retomber le lourd marteau de la principale entrée, il tira de sa poche une clef avec laquelle il ouvrit une petite porte pratiquée à côté de la grande, et il pénétra dans l'hôtel.

Cet hôtel était le logis de Luc de Kerjean.

Ce faux gagne-denier était Malo, le valet de confiance du baron.

XIX

UN RAPPORT DE POLICE

Sous la voûte de la porte cochère du petit hôtel du quai Saint-Paul s'ouvrait la cage vitrée d'un large escalier conduisant au premier étage.

Malô gravit rapidement les marches de cet escalier, traversa une petite chambre de dimensions moyennes, puis un salon meublé avec un luxe voyant mais un peu passé de mode, et gratta légèrement à une porte que dissimulait sous ses plis une tenture de vieux lampas cramoisi.

— Est-ce toi, Malô ? — demanda depuis l'intérieur la voix de Luc de Kerjean.

— Oui, monsieur le baron, c'est moi.

— Entre, — je t'attendais...

Le valet ne se fit pas répéter deux fois cet ordre, et il pénétra dans un boudoir ovale très élégant, aux boiseries blanches rehaussées d'or, et *illustrées* de camaïeux mythologiques.

M. de Kerjean, à demi étendu sur un *sofa* recouvert en tapisserie de Beauvais, jouait avec les dentelles de son jabot, tout en parcourant d'un œil distrait les pages d'un roman de Crébillon fils. — Au moment où Malo franchissait le seul du boudoir, le gentilhomme laissa tomber le volume précieusement relié en maroquin rouge et doré sur tranche.

Le valet de chambre salua et se tint debout, à quelques pas de son maître, dans une attitude discrète et respectueuse.

— Puisque te voici revenu, — dit Luc de Kerjean, — c'est que sans doute il y a du nouveau là-bas ?...

— Il y en a, monsieur le baron.

— Qu'est-ce que c'est ?...

— M. le duc de Simeuse a quitté son hôtel...

— En voiture ou à pied ?...

— Dans son carrosse, monsieur le baron.

— Tu l'as suivi ?...

— Monsieur le baron m'en avait donné l'ordre...

— Où est-il allé ?

— Tout droit à l'hôtel de monseigneur le lieutenant de police...

Le baron de Kerjean ne manifesta aucune surprise.

— Cela devait être... — murmura-t-il, — j'étais certain d'avance que cela serait...

Puis, tout haut, il reprit.

— Naturellement, M. de Sartines a reçu le duc de Simeuse?...

— Oui, monsieur le baron, sur-le-champ. — J'ai quitté sans perdre une minute la piste que je suivais, et je suis accouru prévenir monsieur le baron...

— Tu as bien fait. — Je vais sortir...

— Faut-il commander les chevaux?...

— C'est inutile. — Je sors à pied... — Tu vas m'habiller...

— Quel costume revêtira monsieur le baron?...

— Le costume complet couleur tabac d'Epagne, avec la petite perruque ronde et le chapeau noir sans galon... — Je vais être pour une heure ou deux un pur et simple bourgeois de Paris...

— Monsieur le baron fera-t-il sa toilette dans ce boudoir?...

— Non, — dans ma chambre... — Va tout préparer, je te suis...

Une simple portière de satin de Chine séparait le boudoir de la chambre à coucher où nous allons conduire nos lecteurs, et que nous croirons suffisamment décrite lorque nous aurons dit qu'elle offrait un très exact spécimen du style Louis XV dans ses plus gracieuses afféteries.

Malô appuya le doigt sur l'un des ornements de la boiserie de cette chambre. — Une porte, dont aucun indice extérieur ne trahissait l'existence, s'ouvrit aussitôt et démasqua l'entrée d'une seconde pièce fort curieuse à coup sûr et digne d'attention, dans ce sens qu'elle ressemblait à la boutique d'un marchand d'habits, ou au magasin d'un brocanteur, infiniment plus qu'au cabinet de toilette et à la garde-robe d'un gentilhomme.

En effet, les murailles disparaissaient complètement, et de haut en bas, sous une étonnante quantité d'habits, de toutes les couleurs et de toutes les formes, accrochés les uns à côté des autres, à des portemanteaux disposés en bon ordre pour les recevoir.

Certes, le vestiaire d'un théâtre de premier ordre aurait été moins bien fourni.

Chacune des classes de la société, — les plus infimes comme les plus élevées, — se trouvait repré-

4.

sentée dans cette collection par une défroque vieille ou neuve, ternie ou brillante.

Costumes de gentilshommes, — de courtisans, — de valets, — de prêtres, — de moines, — de bourgeois, — de marchands, — d'officiers, — de simples soldats, — de portefaix, — de charbonniers, — de forts de la halle, — de chiffonniers, — d'ouvriers, — et vingt autres encore, étaient là au grand complet.

Une table longue et étroite, placée au milieu du cabinet, supportait des chapeaux de toutes les formes, — des perruques de toutes les nuances, — des bâtons, — des cannes, — des épées, — des pistolets, — des poignards.

Il y avait sur cette table de quoi compléter et rendre homogènes, depuis la coiffure jusqu'à la chaussure, les myriades de travestissements accrochés le long des murailles.

C'est parmi ces ajustements si nombreux et si variés que Malô choisit le costume complet, couleur tabac d'Epagne, demandé par M. Kerjean.

Quelques minutes suffirent au baron pour sa toilette.

Des bas chinés et des souliers larges à boucles de cuivre remplacèrent les bas de soie et les souliers à talons rouges. — Quelques rides habilement imitées au crayon noir vieillirent Luc d'une dizaine d'années. — En outre, la petite perruque ronde et le chapeau tout uni aux bords rabattus modifièrent la physionomie du gentilhomme au point de rendre son visage à peu près méconnaissable.

A la bague armoriée qui brillait au doigt annulaire de la main gauche, le baron substitua un anneau de fer dont le chaton portait, gravée en creux, l'image d'une torche allumée.

Parmi plusieurs cannes il choisit un jonc de grande taille, à pommeau d'ivoire en forme de bec à corbin. — Il mit dans la poche de sa veste une poignée de pièces d'or et, après avoir jeté sur la glace un regard satisfait, il quitta sa demeure du quai Saint-Paul, en copiant avec un merveilleux talent d'imitation l'allure inégale et distraite d'un bon bourgeois qui baguenaude le long des rues pour tuer le temps, et il prit la direction de l'hôtel du lieutenant de police.

Cet hôtel et ses dépendances, personne ne l'ignore, se trouvaient alors sur l'emplacement qu'occupent de nos jours les sombres édifices de la rue de Jérusalem. — Une partie des constructions anciennes est même encore aujourd'hui debout.

M. de Kerjean pénétra dans cette cour carrée de lugubre aspect, dont les murailles conservent quelques vestiges à peu près indéchiffrables des fresques du dix-septième siècle ; — il gravit l'escalier de gauche, en homme à qui l'intérieur de l'hôtel était familier, et sur le carré du premier étage il se trouva en face d'un grand huissier, vêtu de noir, à chaîne d'argent et à figure rébarbative.

Cet huissier, — consigne vivante, — avait pour mission d'empêcher tout profane de pénétrer indiscrètement dans le sanctuaire mystérieux de la police.

— Que voulez-vous? — demanda ce personnage au baron, de ce ton rogue et quasi farouche dont les garçons de bureau des grandes administrations modernes n'ont que trop fidèlement conservé l'usage et le monopole.

M. de Kerjean mit chapeau bas, salua vivement, et prit l'air humble, modeste, et même un peu ému, approprié à la physionomie et au costume du personnage qu'il représentait.

— Cher et digne monsieur, — murmura-t-il d'un air doux et soumis, — je désirerais, si la chose était possible, faire une petite communication à l'un de messieurs les employés de céans.

— Pour affaires personnelles ?

— Oui, cher monsieur.

— On ne dérange pas les employés, — répliqua brutalement l'huissier.

— En règle générale, je le sais bien, — poursuivit Kerjean d'une voix de plus en plus mielleuse, — mais je me suis laissé dire qu'il se faisait quelques exceptions, par-ci par-là, dans certains cas...

— Jamais ! — interrompit le cerbère. — Point d'exceptions. — Vous n'avez rien à faire ici, donc, allez-vous-en.

Sans se laisser déconcerter par cette rudesse, le baron continua :

— Cher et digne monsieur, je demeure loin d'ici... fort loin... hors Paris... à Auteuil... patrie de Boileau... — J'ai fait le voyage tout exprès, et je vous affirme que je serais bien contrit et bien désolé d'échouer au port, faute d'un peu de complaisance de votre part... Montrez-vous donc obligeant pour moi, cher et digne monsieur, et ne doutez pas de ma reconnaissance, de ma reconnaissance immédiate.

Tout en disant ce qui précède, le baron tirait de sa poche un louis d'or et glissait ce louis dans la main de l'huissier bourru.

La physionomie de ce dernier changea tout aussitôt et devint presque souriante.

— Allons, — dit-il, — je vois que vous êtes un brave homme; j'aime les braves gens, et je veux vous être agréable... — Comment s'appelle l'employé dont il s'agit?

— Nicolas Barbet.

— Et vous, monsieur, comment vous nomme-t-on?

— David Verrier, pour vous servir... cher et digne monsieur, si j'en étais capable...

— Je ne puis, — continua l'huissier, — vous faire parler ici-même au sieur Barbet, ce qui serait contre les règlements et me ferait perdre ma place, mais je vais prévenir tout bas ledit sieur Barbet que quelqu'un de sa connaissance l'attend dans la cour... — Vous allez redescendre au plus vite... — il descendra de son côté, et vous vous rencontrerez comme par hasard, ce qui mettra fort à couvert ma responsabilité. — Vous comprenez?

— Parfaitement.

Luc de Kerjean remercia comme il le devait, et l'huissier disparut par la porte des bureaux.

Un instant après ce moment le gentilhomme, qui se promenait à pas comptés dans la cour, vit arriver un petit homme à mine futée, jetant autour de lui des regards curieux. — Ce petit homme était nu-tête et portait de fausses manches en étoffe noire, pour prolonger autant que possible la menteuse jeunesse du drap de son habit.

Le baron se dirigea vers lui et l'aborda par ces mots :

— Je présente mes civilités à monsieur Nicolas Barbet...

— Ah ! ah ! c'est vous qui me demandez, maître David? — dit le petit homme avec une nuance de surprise.

— Comme vous le voyez, c'est bien moi.

— Et qu'y a-t-il pour votre service, je vous prie?...

— Venez un peu par ici, que je vous parle, mon bon ami, — fit Kerjean en prenant son interlocuteur par le bras pour le conduire dans la partie la plus solitaire de la cour.

Là, et bien certain de ne pouvoir être ni épié, ni entendu, il se pencha vers l'employé de la police et murmura rapidement à son oreille :

— M. de Sartines vient de recevoir, il y a une heure, la visite d'un grand seigneur qui se nomme le duc de Simeuse. — J'ai besoin de savoir sur-le-champ ce que le duc de Simeuse avait à dire au lieutenant de police.

— C'est difficile, mais ce n'est pas impossible, — répliqua Nicolas Barbet. — L'huissier de service dans l'antichambre de monseigneur a toujours soin d'écouter aux portes... innocente distraction qui charme ses nombreux loisirs.

— Vous êtes bien avec cet huissier?

— Le mieux du monde.

— Alors, il parlera?

— Oui... — seulement...

Nicolas Barbet s'interrompit.

— Seulement?... — répéta le baron.

— Cela coûtera quelque chose.

— Combien?...

— Dix louis.

— Une bagatelle! — les voici...

— Quand voulez-vous la réponse?

— Je la veux tout de suite, pardieu!... c'est-à-dire d'ici à une demi-heure.

— Vous l'aurez, mais il ne faut pas m'attendre dans cette cour, où votre présence serait remarquée. — Connaissez-vous, dites-moi, sur le quai, à droite en sortant d'ici, un cabaret de mine médiocre avec cette enseigne : — *Au puits sans vin?...*

— Je le connais... de vue...

— Allez vous installer dans ce cabaret. — Derrière la salle commune existe un petit cabinet vitré... — prenez ce cabinet, et faites-vous servir une bouteille de *ratafia de Neuilly*... il y en a là d'excellent, — j'irai vous rejoindre le plus tôt possible...

— C'est convenu.

Avant qu'un quart d'heure se fût écoulé, Nicolas Barbet et Luc de Kerjean se trouvaient assis en face l'un de l'autre dans un bouge indescriptible.

— Et bien ! — demanda le baron, — l'huissier a-t-il parlé ?

— Oui.

— Que voulait le duc de Simeuse ?

— Un rapport détaillé sur un gentilhomme qui s'appelle le baron Luc de Kerjean.

— A merveille... qu'a répondu M. de Sartines ?

— Il a promis le rapport pour ce soir, et il a envoyé des ordres dans mon bureau pour faire fouiller et compulser à l'instant même les dossiers.

— Votre bureau, dites-vous ? — C'est donc vous que cette besogne regarde ?

— C'est l'un de mes collègues, — un bon camarade, — un brave garçon.

Luc de Kerjean se frotta les mains et murmura :

— Décidément, tout me réussit !... Demandez du papier et une plume... — dit-il ensuite à l'employé.

— Qu'en voulez-vous faire ?

— Vous verrez.

La plume, l'encre et le papier furent apportés par une repoussante Maritorne, et le baron traça rapidement une vingtaine de lignes. — Il tendit ensuite à son interlocuteur la feuille sur laquelle il venait d'écrire.

— Qu'est-ce que cela ? — demanda Nicolas Barbet curieusement.

— Cela ? — C'est le brouillon du rapport sur M. de Kerjean, rapport qu'il ne vous reste maintenant qu'à copier et à envoyer officiellement au duc de Simeuse. — Vous voyez que je simplifie de mon mieux la besogne de votre collègue.

— Mais... — s'écria l'employé.

— Pas de mais, je vous en prie, mon bon ami, — interrompit Luc d'un ton impérieux, — il faut que la chose se fasse ! ! — Épargnez-vous donc des objections inutiles. — Dites-moi tout de suite ce qu'il m'en pourra coûter, et soyez convaincu que je ne marchanderai pas.

— Diable d'homme !— murmura Nicolas Barbet.

— Un chiffre, mon bon ami, un chiffre...

— Pour mon collègue, ce sera dix louis.

— Et pour vous ?

— Oh ! moi, je ne me vends pas ; mais, pour ne point vous désobliger, j'accepterai ce que vous jugerez convenable de m'offrir. — Fixez vous-même.

— Eh bien ! dix louis également pour vous... — est-ce assez ?

— Vous êtes généreux comme un prince ! !...

— Je suis juste, voilà tout !... — Rien pour rien, c'est ma devise. — Vous avez le brouillon, voici l'argent. — Je compte sur vous.

— Soyez tranquille, et regardez la chose comme faite.

— Au revoir, mon cher Nicolas Barbet, au revoir.

— Au revoir, maître David.

Les deux hommes se séparèrent. — L'employé regagna son bureau... — Le baron reprit le chemin de l'hôtel du quai Saint-Paul.

§

Le soir de ce même jour, un valet de pied aux couleurs de M. de Sartines apportait à l'hôtel de

Simeuse une large enveloppe que scellait l'écusson fleurdelisé.

Cette enveloppe contenait deux choses : un billet du haut fonctionnaire, et un parchemin en tête duquel étaient imprimés ces mots : *Police générale du royaume.*

Voici le billet :

« *Monsieur le duc,*

» *Ainsi que vous m'avez fait l'honneur de me le de-*
» *mander, je m'empresse de vous adresser un rapport*
» *détaillé sur un gentilhomme breton résidant habi-*
» *tuellement à Paris, le baron Luc de Kerjean.*

» *Puisque vous vous intéressez à ce gentilhomme, je*
» *suis heureux d'apprendre que les renseignements*
» *joints à cette lettre sont à tous égards de la nature la*
» *plus favorable.*

» *Croyez, monsieur le duc, à la joie vive que j'é-*
» *prouve d'avoir pu vous être utile, et recevez la nou-*
» *velle assurance, etc., etc.* »

Le rapport envoyé par le lieutenant de police ayant été rédigé sous nos yeux par Luc de Kerjean lui-même, il nous paraît complètement inutile d'en donner même une courte analyse à nos lecteurs.

Deux mots encore avant de clore ce chapitre :

Le dix-huitième siècle fut une époque de corruption et de honteuse vénalité. — Toutes les classes de la société semblaient avoir perdu le sens moral, le sentiment du devoir. — Les agents subalternes de la police parisienne étaient pour la plupart d'éhontés coquins, pareils à celui que nous venons de mettre en scène, et se vendaient sans scrupule et sans vergogne à quiconque les pouvait acheter. — Tout le monde sait que les lettres de cachet, ces instruments de révoltante iniquité, étaient, à cette époque, l'objet d'un immense trafic.

Qu'on jette les yeux sur un tableau si sombre... — qu'on les reporte ensuite sur notre siècle trop calomnié, et les misanthropes eux-mêmes seront forcés de convenir que les fils du dix-neuvième siècle valent mieux que leurs pères du dix-huitième.

XX

QUAI SAINT-PAUL

M. de Simeuse, immédiatement après son retour à l'hôtel, avait été instruit par la duchesse de la généreuse et irrévocable détermination de Jane.

Dans sa loyauté de gentilhomme le vieillard, tout en se désolant d'une résolution qui détruisait ses suprêmes espérances, ne pouvait s'empêcher de la comprendre, de l'honorer comme digne du nom que portait sa fille, et de se soumettre enfin à une volonté sans appel, que la sienne ne pouvait essayer de fléchir et de dominer.

Dans la solitude de son appartement particulier où il s'était retiré pour cacher ses larmes à tous les regards, le duc se révolta d'abord contre les arrêts de cette implacable fatalité qui, — si le double oracle n'était pas menteur, — allait le frapper cruellement.

Mais M. de Simeuse pouvait se dire chrétien, dans la plus large et la plus belle acception du mot ! — chrétien comme on ne l'est plus aujourd'hui.

A la révolte succéda la résignation, puis l'invocation.

— Mon Dieu, — murmura-t-il, — vous qui pouvez tout, même un miracle, changez l'ordre des choses futures, — ne laissez pas s'accomplir le sacrifice… — S'il faut une victime à vos décrets souverains, me voici… — Que votre foudre brise le vieil arbre inutile, et laisse vivre la jeune fleur pleine de sève et d'espérance…

Le duc achevait à peine ces touchantes paroles lorsque madame de Simeuse lui fit demander par son valet de la recevoir sur-le-champ.

La réponse du gentilhomme ne pouvait être qu'affirmative, et elle le fut en effet.

Madame de Simeuse apportait à son mari le message du lieutenant de police.

Le duc brisa d'une main fiévreuse le cachet armorié de l'enveloppe, et lut à haute voix la lettre de M. de Sartines et le rapport qui accompagnait cette lettre.

— Allons, — murmura la duchesse après avoir écouté jusqu'au bout, — mes pressentiments étaient menteurs, et je vois bien maintenant que le baron Luc de Kerjean est un bon gentilhomme et un homme d'honneur...

Le visage flétri de M. de Simeuse s'illumina d'une lueur soudaine.

— Oui, un homme d'honneur!! — répéta-t-il, — et je me reprends à espérer... — Je n'attendrai pas, demain, qu'il vienne ici chercher ma réponse... — je le devancerai... — j'irai chez lui... — Je lui dirai tout, et je vous le répète, Blanche, j'ai la ferme confiance qu'il ne refusera point de nous venir en aide, quand bien même le service que je réclamerai de lui devrait rendre la blessure de son cœur plus profonde et plus douloureuse...

Le lendemain en effet, vers onze heures, — et cette heure semblait plus matinale encore à cette époque qu'aujourd'hui, — le carrosse de M. de Simeuse s'arrêtait devant le petit hôtel du quai Saint-Paul.

Luc de Kerjean avait passé la nuit presque entière à combiner des plans et à échafauder d'ambitieux projets. — Il venait à peine de s'endormir lorsque Malô le réveilla brusquement pour le prévenir qu'une femme vêtue avec une élégante simplicité, et dont un voile épais cachait le visage, venait d'arriver en chaise à porteurs, demandait à parler au maître du logis pour affaires de haute importance et menaçait de forcer la consigne si on ne l'accueillait sans retard.

Dans la situation où se trouvait le baron, il lui semblait d'une sage politique de ne passer à côté d'aucun mystère sans chercher à en éclairer les ténèbres.

En conséquence il donna l'ordre d'introduire la visiteuse au salon, où, après avoir fait une toilette rapide, il alla la rejoindre.

— A qui ai-je l'honneur de parler? — demanda-t-il tout d'abord.

Un éclat de rire répondit à cette question.

L'inconnue leva son voile et découvrit un pâle et beau visage, bien connu, trop connu même de M. de Kerjean.

— Toi, Périne! — s'écria-t-il, — toi, ici!...

— Comme tu vois, mon cher baron...

— Et quel motif impérieux t'amène si matin dans mon humble logis?...

— Le désir de te voir, tout simplement.

— Je n'ai pas assez de vanité pour te croire sincère, ma belle amie... Je trouve un peu suspect ce désir...

— Désir bien naturel, cependant, — reprit la Goule, — auquel s'adjoint, j'en conviens, une assez vive curiosité de savoir ce qui se passe... — Je dois supposer, d'ailleurs, que tes affaires vont le mieux du monde et que tu touches à la réalisation de tes espérances, puisque déjà tu commences à me négliger et que je n'ai pas eu hier au soir, comme je croyais pouvoir y compter, le bonheur de t'entendre frapper à ma porte...

— Je ne suis point allé chez toi hier, — répondit Luc, — parce que je n'avais rien à t'apprendre...

— Ah ! — murmura Périne avec une évidente incrédulité, — rien ?... absolument rien ?...

— Tu ne me crois guère, et tu as tort, car je te jure que ceci est littéralement vrai.

— Tu as vu le duc cependant, et tu as fait ta demande ?...

— Oui... — J'ai vu le duc et j'ai fait ma demande...

— Eh bien ?...

— Mais c'est aujourd'hui seulement que je dois

avoir une réponse... — Cette réponse sera-t-elle favorable ou défavorable ? Voilà ce que j'ignore, et je ne pourrais même former de conjectures à cet égard, tant mon incertitude est absolue...

— Raconte-moi ce qui s'est passé, et n'omets aucun détail de ton entrevue avec le duc et la duchesse... — Dans les circonstances où nous voici, les moindres choses acquièrent parfois une importance capitale...

Luc commença, avec une extrême précision et une rigoureuse exactitude, le récit demandé par la Goule. — Il mit ensuite cette dernière au courant de la visite du duc au lieutenant de police, et du rapport envoyé à l'hôtel de Simeuse.

— Tu as agi fort habilement, — dit Périne après quelques minutes de réflexion, — tu as su faire tourner à ton profit une circonstance qui pouvait te perdre... — je t'en félicite... — D'après tout ce que tu viens de m'apprendre, il est incontestable pour moi, comme pour toi, que la duchesse t'est défavorable!... je ne sais quel instinct maternel l'éclaire sur ton compte... — Ces gens-là n'existent que pour leur fille, dont ils se figurent que tu tiens la destinée entre tes mains... — Grâce à cette considération toute-puissante, et le rapport aidant, je crois que tu as dans ton jeu plus de bonnes cartes que de mauvaises...

— Pardieu! ma chère, je le crois aussi...

— A quelle heure iras-tu chercher ton arrêt?...

— A deux heures.

— Il en est onze, je te quitte...

— Déjà?...

— Le mot est plus galant que sincère, mon cher baron... — Je l'accepte pour ce qu'il vaut, et je te recommande de venir ce soir au Logis-Rouge, où je t'attendrai avec impatience. — J'ai hâte de savoir...

— Compte sur moi.

— Oh! j'y compte absolument, et pour cause, — continua la Goule en faisant retomber son voile sur son visage. — Bonne chance donc, et à ce soir...

Périne s'était levée.

— Ah çà! mais, — poursuivit-elle, — il me semble que je viens d'entendre une voiture s'arrêter devant ta porte... — Attends-tu quelqu'un?...

— Personne...

La Goule s'approcha de l'une des fenêtres donnant sur le quai. — Elle regarda au dehors et elle s'écria :

— Je ne me trompais pas... — C'est un carrosse de fort grande mine, avec des chevaux magnifiques... — Je ne puis voir les écussons des panneaux, mais, Dieu me damne ! le cocher et les valets de pied portent la livrée noir et or !... — les couleurs des Simeuse !...

— Allons donc ! — répliqua Kerjean, — tu rêves !...

— Non, je ne rêve pas...

— M. de Simeuse m'attend chez lui, et ne viendrait point ici chez moi à l'improviste...

A ce moment précis, la porte s'ouvrit. — Malô entra dans le salon comme une bombe, en s'écriant :

— Monsieur le baron, M. le duc de Simeuse monte l'escalier de l'hôtel...

Il n'y avait pas une seconde à perdre. — Kerjean fit disparaître Périne dans le boudoir que nous connaissons, et il s'élança au-devant du grand seigneur dont il était si loin de prévoir la visite, et qu'il introduisit avec toutes sortes de respectueuses et affectueuses démonstrations.

Pendant ce temps la Goule se félicitait *in petto*, en appliquant son oreille au trou de la serrure, et en s'assurant qu'elle ne perdrait pas un mot de ce qui allait se dire au salon.

— Le hasard est pour moi ! — pensait-elle. — Je vais entendre, et je saurai avant cinq minutes si Kerjean m'a dit la vérité tout entière...

Aussitôt que Jacques de Simeuse eut pris un siège, les premières paroles du baron furent celles-ci :

— Comment vous remercier, monsieur le duc, de l'honneur si inattendu, si inespéré, que vous daignez me faire ce matin ? Permettez-moi de vous demander si cette visite, qui prévient la mienne, est pour moi d'un heureux augure ?...

— Monsieur le baron, — répondit le duc d'une voix altérée et avec une émotion manifeste, — regardez le vieillard qui vous parle, et dans les sillons de son visage lisez les souffrances de son âme !... — Ce vieillard vient à vous comme à un sauveur... — En vous est sa suprême espérance... — Repousserez-vous ses mains suppliantes ?... Tromperez-vous sa confiance ?... Cela est impossible !... C'est un gentilhomme... c'est un père qui vous implore... — Vous êtes gentilhomme et vous avez un cœur... — à ce double titre, je fais bien de compter sur vous...

Jacques de Simeuse s'interrompit.

— Monsieur le duc, — murmura Kerjean en prenant avec un geste plein de tendresse et de respect l'une des mains que son interlocuteur étendait vers lui et en l'approchant de ses lèvres, — vos paroles me troublent et m'agitent profondément, mais je ne les comprends pas et j'ose vous prier de m'en révéler le sens...

— Baron de Kerjean, — reprit le vieillard, — j'ai pour vous une estime sans bornes, et la preuve de cette estime c'est qu'au moment même où je vous apporte une grande douleur, je viens solliciter de vous un immense service...

— Parlez, monsieur le duc, et si vive que soit la douleur, si grand que soit le service, pour l'un comme pour l'autre je suis prêt.

— Vous aimez Jane... — continua M. de Simeuse, — vous nous l'avez dit, et je le crois...

— Je l'aime, — répliqua le baron, — je l'aime d'un de ces amours qui naissent et grandissent en une heure pour ne finir jamais, et qui sont l'immense joie ou l'âpre douleur de toute une vie...

— Hélas !... — balbutia le vieillard, — il faut alors vous armer de courage, mon enfant !... il faut fortifier votre âme !... — il faut cuirasser votre cœur !... — Jane ne peut vous appartenir...

Kerjean se dressa, comme un homme qui vient de sentir une pointe aiguë fouiller sa chair... —

il devint pâle, et il s'écria d'une voix étranglée :

— Ainsi, vous me repoussez !!

— Non !... oh ! non !... — je ne vous repousse pas !... — répondit vivement M. de Simeuse. — Devant Dieu qui m'entend, je vous jure que je serais heureux de vous accepter pour fils... — mais au-dessus de ma volonté il en est une plus puissante, qui ne relève que d'elle seule et qu'on essayerait vainement de fléchir...

— Laquelle ? monsieur le duc, laquelle ?

— Celle de ma fille, — murmura le vieux seigneur.

— Mademoiselle Jane n'éprouve pour moi qu'aversion et dédain ! — Malheureux que je suis, j'aurais dû le prévoir ! — fit Kerjean avec amertume.

— Que dites-vous là ? — répliqua le duc. — Que parlez-vous d'aversion et de dédain ? — Vous avez toutes les sympathies de Jane, au contraire... vous avez toute sa reconnaissance, — vous auriez son cœur sans doute, s'il lui appartenait encore, — mais ce cœur n'est plus à elle, — elle l'a donné, depuis longtemps déjà, au marquis René de Rieux, l'un de nos parents qui, de l'aveu de la duchesse et du mien, est devenu le fiancé de Jane il y a un an.

Luc de Kerjean laissa tomber sa tête sur sa poitrine et pendant quelques minutes s'absorba dans un sombre silence.

Le duc se sentait rempli de pitié et de respect pour cette muette douleur qui semblait immense.

Soudain, par un mouvement brusque, le baron secoua les épaules comme pour écarter un fardeau qui l'écrasait. — Il passa ses deux mains sur son front, et il montra son visage livide et contracté.

— Monsieur le duc, — dit-il ensuite d'une voix lente et sourde, — j'ai compris. — Un gentilhomme n'a qu'une parole, et une fille de grande race n'a qu'un amour, — vous êtes engagé vis-à-vis du marquis de Rieux, et mademoiselle Jane a donné son cœur ; — d'un côté comme de l'autre tout est fini pour moi, et je ne garde pas d'espérance. — Le coup qui vient de me frapper a été rude, — la blessure est profonde et je la crois mortelle... — Qu'importe ? — Mes souffrances sont pour moi seul et je ne vous en importunerai pas... — c'est fini ! — Parlons maintenant du second but de votre visite, car vous n'êtes point venu dans cette maison uniquement pour m'apporter une douleur, — il vous reste, m'avez-vous dit, un service à réclamer de moi... — Parlez, monsieur le duc, je suis prêt.

— Mon enfant, — répondit le vieillard en serrant la main de Luc dans les siennes, — je vous dois d'abord un récit... — Quand vous m'aurez écouté, vous saurez ce que j'attends de vous.

Le baron s'inclina silencieusement.

M. de Simeuse prit la parole, et raconta tous ces événements dont nos lecteurs n'ignorent aucun et que son auditeur connaissait aussi bien que lui.

— Vous tenez la destinée d'une famille entière entre vos mains, — dit-il en achevant. — Que ferez-vous ?

— Je ferai mon devoir de gentilhomme, mon devoir d'homme d'honneur, — répliqua Kerjean avec fermeté. — Je sauverai mademoiselle de Simeuse pour celui qu'elle aime, — je donnerai pour elle, s'il le faut, jusqu'à la dernière goutte de mon sang.

Le duc, en proie à un indicible transport de joie et de reconnaissance, saisit le baron dans ses bras, l'attira sur son cœur et l'y pressa longtemps, comme un fils bien-aimé qui revient à son père après une longue absence.

— Mon enfant, mon cher enfant, — demanda-t-il ensuite, aussitôt que son émotion un peu calmée lui permit d'articuler quelques paroles, — ainsi donc, c'est bien vrai, vous aurez ce sublime dévouement?

— Je vous appartiens, monsieur le duc.

— Avez-vous bien pesé tout ce que votre tâche vous apportera de souffrances secrètes?

— Quoi qu'il faille faire, je le ferai... — Si mon cœur saigne, mes lèvres souriront.

— Songez que, jusqu'après l'heure du péril, il vous faudra vivre presque sans cesse auprès de nous, auprès de Jane.

— Si ce n'est une grande joie, ce sera du moins un grand honneur pour moi, monsieur le duc, un honneur dont je tâcherai de me rendre digne.

— Alors, je puis calmer les angoisses d'une pauvre mère éplorée? je puis lui dire que vous êtes le plus généreux des hommes?

— Dites-lui que je suis tout à vous, corps et âme, monsieur le duc et ce sera la vérité.

— Merci, mon fils, et si la bénédiction d'un vieillard porte bonheur, soyez béni et soyez récompensé.

— Dans deux heures, monsieur le duc, je serai à l'hôtel de Simeuse pour m'y mettre à vos ordres.

Ces paroles terminèrent l'entretien.

Jacques de Simeuse avait hâte de se retrouver auprès de sa femme et auprès de Jane, afin de les rassurer l'une et l'autre. — Kerjean le reconduisit respectueusement jusqu'à son carrosse, en écoutant avec une feinte humilité les ardentes protestations de sa reconnaissance.

Dans le boudoir attenant au salon où il venait de recevoir le duc, il retrouva la Goule.

— Comme te voilà pâle ! — s'écria cette dernière.

— Je dois être pâle en effet ! — répliqua-t-il. — Tu en conviendras quand je t'aurai dit ce qui vient de se passer.

— Ce qui vient de se passer, je le sais... — interrompit la maîtresse du Logis-Rouge.

— Tu as entendu ?

— Depuis le premier mot jusqu'au dernier...

— Eh bien ! tu le vois, tout s'écroule.

— Est-ce ton avis ? — demanda Périne en riant.

— N'est-ce pas le tien ? — murmura Kerjean surpris.

— Non ! non ! non ! — répéta la nécromancienne à trois reprises.

— Tu vois cependant que je ne dois plus compter, ni pour le présent, ni pour l'avenir, sur la main de Jane de Simeuse...

— Pourquoi cela?

— Jane est promise au marquis de Rieux, et elle aime son fiancée.

— Qu'importe?

— Comment, qu'importe? — Elle l'épousera.

— Je n'en crois rien.

— Ce n'est qu'une conjecture.

— C'est une certitude. — Oublies-tu le péril qui plane sur la fille des Simeuse?

— Ce péril est chimérique! — Nous le savons trop bien, toi et moi.

— Ce péril existe! — il est réel! — il est immense! — A partir du moment où je te parle, la fille des Simeuse est condamnée.

— Par qui?

— Par moi! — Avant que quatre semaines se soient écoulées, tu auras touché le million de dot qui doit appartenir au mari de Jane.

Kerjean haussa les épaules.

— Tu doutes? — demanda Périne.

— Je fais mieux que douter, je refuse de croire.

— Pourquoi donc, alors, viens-tu d'accepter ce rôle de sauveur que dans sa naïveté paternelle le vieux duc est venu t'offrir?

— Pouvais-je refuser ? — Ne me fallait-il point continuer mon rôle et soutenir mon personnage jusqu'au bout ?

— Et tu ne comprends pas, pauvre esprit, qu'introduit comme tu vas l'être à l'hôtel Simeuse, accueilli avec une confiance absolue, et possédant les armes qui sont entre nos mains, tu seras, dès demain si tu veux, le maître de la situation ?

— De quelles armes parles-tu ?

Périne regarda Kerjean avec une stupeur qui n'était point jouée.

— Est-il bien possible ! — s'écria-t-elle, — que tu sois sans mémoire à ce point ? — Est-il bien possible que deux jours aient suffi pour te faire oublier la gitane ?

— Je n'oublie rien, — répliqua Luc. — Hier encore je fondais quelque espoir sur la prodigieuse ressemblance de cette créature et de Jane, — il me semblait possible et facile d'utiliser dans notre intérêt cette bizarrerie de la nature, et de forcer le consentement des Simeuse en me servant de la gitane pour compromettre la fille noble... — mais, depuis lors, j'ai creusé cette idée, et je me suis convaincu par la réflexion qu'en marchant dans une telle voie je n'arriverais qu'à ma propre honte.

— Tu te crois clairvoyant, mon pauvre Luc, et tu es aveugle !

— J'ai cherché, je n'ai pas trouvé, voilà tout.

— Eh bien, j'ai cherché aussi, moi, et, plus habile ou plus heureuse que toi, j'ai trouvé.

— Vrai ?

— Foi de Périne !

— Ainsi tu ne désespères point du succès ?

— Bien loin de désespérer, je suis sûre de la réussite.

— Tu as un plan ?

— Un plan infaillible, oui.

— Je brûle de le connaître.

— Arme-toi donc de patience, car tu ne le connaîtras que ce soir. — Je t'attendrai à dix heures au Logis-Rouge, et je te répète qu'avant un mois tu seras le mari de Jane de Simeuse.

— Si tu fais cela, ma belle Périne, je te proclamerai sorcière !

— Sorcière ! — je le suis, et l'on me nomme la *Goule !* — demande plutôt au bon peuple de Paris. — Au revoir, Luc.

— A ce soir, Périne.

Les deux complice se séparèrent.

La maîtresse du Logis-Rouge regagna sa chaise à porteurs.

Le baron de Kerjean fit un repas sommaire, et s'occupa ensuite avec un soin minutieux des détails de sa toilette.

Vers deux heures, satisfait à la fois de son costume merveilleusement élégant et de sa physionomie très habilement composée, il monta dans le carrosse acheté la veille avec une partie des vingt mille livres prêtées par la Goule, et il donna l'ordre à son cocher de toucher à l'hôtel Simeuse.

XXI

AU COMPAGNON DE SAINT ANTOINE

Nous n'accompagnerons point le baron de Kerjean dans sa visite à l'hôtel de la rue des Fossés-Saint-Victor.

Nous nous abstiendrons de rapporter ici d'inutiles détails touchant la réception qui lui fut faite par une famille dont la reconnaissance était sans bornes.

M. de Simeuse, regardant Luc comme un héros de générosité et d'abnégation, le lui témoignait chaleureusement.

La duchesse, — n'osant pas lutter contre l'évidence, — se reprochait ses pressentiments involontaires et ses défiances instinctives ; — elle se disait : — *Je dois et je veux aimer ce gentilhomme autant que s'il était mon fils!...*

Jane enfin se promettait d'offrir la sainte et profonde affection d'une sœur à celui qui, se sacrifiant sans une plainte et sans un murmure et imposant courageusement silence aux révoltes de son cœur blessé, allait la conserver à l'amour de René de Rieux.

Il nous faut ici rappeler à la mémoire de nos lecteurs quelques-unes des paroles adressées par la Goule à la duchesse pendant la séance de magie et d'évocation à laquelle nous les avons fait assister.

— Regardez, — avait dit la Goule, — regardez !... la poule noire est morte... — elle est morte en une seconde et comme foudroyée !... — Cela signifie que le danger qui menace votre fille est un danger de mort... — Voyez la tête de la poule noire ! — Elle repose sur la vingt et unième division du carré magique, — donc, c'est dans la vingt et unième année que retentira le coup de tonnerre... — Voyez le bec entr'ouvert et livide, il s'appuie sur le premier des douze compartiments qui sont les douze mois de l'année... — donc, c'est dans le premier mois, dans celui qui commence aujourd'hui, que tombera la foudre !!...

Après une prédiction aussi positive, aussi claire, aussi formelle, il devenait manifeste qu'une fois le mois écoulé, le péril disparaîtrait pour ne plus revenir.

En conséquence, il fut convenu entre le duc et le baron que, pendant toute la durée de ce mois néfaste et menaçant, le gentilhomme breton consacrerait ses journées entières aux habitants de l'hôtel Simeuse, et qu'il ne reprendrait sa liberté que le soir, à l'heure où l'œil d'une mère et celui de Dieu pouvaient seuls veiller sur Jane endormie.

Ces projets reçurent une réalisation immédiate, et dès ce premier jour Korjean ne quitta ses hôtes que longtemps après la nuit tombée, pour se rendre au Logis-Rouge où la Goule l'attendait à dix heures.

L'entretien des deux complices fut de courte durée.

Quelques minutes suffirent à Périne pour développer devant son auditeur émerveillé les lignes principales d'un plan d'autant plus redoutable qu'il était moins compliqué, et qu'aucun obstacle imprévu ne semblait devoir en paralyser ou même en entraver passagèrement l'exécution.

Ce plan, magnifique de hardiesse et de simplicité, nous le connaîtrons bientôt par ses résultats.

En sortant du Logis-Rouge, Luc se fit rapidement conduire à l'hôtel du quai Saint-Paul. — Il ne passa chez lui que le temps strictement nécessaire pour changer de costume ; au bout d'un peu moins d'une demi-heure, il reparaissait vêtu de cet habillement complet, couleur tabac d'Espagne, qui constituait un véritable déguisement, et que nous lui avons déjà vu revêtir pour sa visite à l'hôtel de la police. — Au doigt annulaire de sa main gauche brillait la bague mystérieuse précédemment décrite. — Il s'appuyait sur la haute canne de jonc à poignée d'ivoire, et son chapeau à larges bords projetait une ombre protectrice autour de son visage vieilli à dessein.

Au moment où le baron venait de refermer la porte derrière lui, une voiture de place passait à vide, rudement cahotée par le trot inégal de deux chétives haridelles.

— Demandez votre équipage, mon bourgeois !... — cria le cocher. — Bon carrosse, fraîchement rembourré!... — Bons chevaux, pas fatigués du tout, qui vont comme le vent! — Montez, mon bourgeois... — Vous serez conduit mieux qu'un prince, et il vous en coûtera simplement la bagatelle de quinze sous?...

Sur un signe de Luc l'automédon à la langue mielleuse et fertile en promesses séduisantes arrêta son attelage et descendit du siège pour ouvrir la portière.

Le baron s'installa sur les maigres coussins.

— Où allons-nous, mon bourgeois? — demanda le cocher.

— Rue du Puits-qui-Parle... — répondit Luc.

— Quel numéro?...

— Vous m'arrêterez à l'entrée de la rue.

Le véhicule recommença à rouler.

A l'endroit indiqué, M. de Kerjean mit pied à terre.

— Voici trente sous au lieu de quinze, — dit-il au cocher; — sans doute je vous reprendrai tout à l'heure...

— Suffit, mon bourgeois... — on vous attendra militairement... — connu, la consigne!!... — J'ai fait cinq ans dans les gardes françaises...

Et tandis que Luc s'éloignait, l'ancien soldat

se mit à fredonner le couplet de la chanson célèbre :

> Dans les gardes françaises,
> J'avais un amoureux...

Le baron marchait lentement le long de la rue du Puits-qui-Parle, l'une des plus étroites et des plus boueuses de l'ancien Paris. — Ses yeux levés, dirigeant leurs regards tantôt à droite, tantôt à gauche, étudiaient les enseignes des maisons, grâce aux clartés de la lune suppléant tant bien que mal à l'absence presque complète de réverbères.

Après un quart d'heure de recherches, Luc s'arrêta. — Il venait de trouver ce qu'il cherchait.

Au-dessus d'une porte bâtarde et d'une fenêtre du rez-de-chaussée dont les vitres crasseuses tamisaient à grand'peine de pâles lueurs, une de ces enseignes parlantes, fort à la mode au dix-huitième siècle, se suspendait à une forte tringle de fer rouillé.

C'était l'image plus que naïve d'un petit cochon sculpté en bois, peint en rouge vif, avec les quatre pattes dorées. — Au-dessus de cet *objet d'art* se lisaient ces mots, peints sur la muraille avec le vermillon le plus flamboyant : — AU COMPAGNON DE SAINT ANTOINE. — BON LOGIS.

La porte restait entre-bâillée. — Une chaude et saisissante odeur de graisse en ébullition et de rôtis brûlants, s'exhalait de l'intérieur.

Luc fit un geste de dégoût et approcha de ses narines son mouchoir parfumé, — mais il réprima bien vite ce mouvement de délicatesse intempestive et, poussant la porte, il entra.

La salle basse dont il franchit le seuil était une pièce étroite et longue, tout à la fois taverne et rôtisserie. — On y voyait une haute cheminée où des oies et des dindons cuisaient devant un grand feu. — Un barbet crotté tournait la broche. — Des fritures de viandes et de poissons se doraient dans une chaudière pleine de graisse bouillante. — Des chapelets de saucissons, d'andouillettes et de cervelas se suspendaient aux solives du plafond.

Trois ou quatre petites tables, disséminées dans la longueur de la salle basse, attendaient les consommateurs qui, en raison sans doute de l'heure avancée, ne brillaient que par leur absence.

Deux servantes malpropres mettaient en ordre des piles d'assiettes de faïence commune, notablement ébréchées, et des brocs d'étain.

Le maître de la maison, gros petit homme à trogne rouge, coiffé d'un bonnet de coton blanc, ceint d'un vaste tablier blanc retroussé sur le ventre, tenant d'une main un couteau bien affilé et de l'autre une écumoire, surveillait à la fois les rôtis et la friture.

Il se tourna vers le nouveau venu, porta sa main droite et son écumoire à la hauteur de son bonnet de coton, faisant ainsi une ébauche de salut, et avec une physionomie tout à fait engageante il demanda :

— Monsieur vient-il comme consommateur ou comme locataire ? — Faut-il servir à monsieur une jolie chambre sur le devant, proprement meublée, où une délicieuse aile de dindon tout chaude, avec une portion de goujons frits pêchés ce matin ?...

— Mon cher hôte, — répondit Kerjean, — vos rôtis et vos fritures ont fort bonne mine, et je suis convaincu que vos chambres garnies ne leur cèdent en quoi que ce soit... — mais je ne viens ici ni comme locataire, ni comme consommateur, je viens comme visiteur...

La physionomie du gros homme se refoidit quelque peu.

— Comme visiteur... — répéta-t-il, — eh !... eh !... l'heure est un peu tardive.

— Ce n'est pas mon avis, puisque votre porte est encore ouverte et que vous voilà debout...

— Enfin, vous demandez quelqu'un qui demeure dans mon hôtellerie?...

— Oui.

— Qui ça?...

—Les musiciens de l'Estramadure.

Cette simple réponse du baron produisit un effet comparable aux prodigieux résultats attribués dans les traditions orientales à certaines formules magiques, dont celui qui les emploie par hasard ignore la puissance.

Le gros homme frissonna de la tête aux pieds ; — son front se plissa ; — des éclairs jaillirent de ses yeux ; — ses joues énormes se gonflèrent comme celles de Jupiter tonnant ; son écumoire et son long couteau se heurtèrent avec un fracas belliqueux.

—Les musiciens de l'Estramadure !! — s'écria-t-il d'une voix que la colère rendait vacillante. — Vous demandez les musiciens de l'Estramadure??...

— Sans doute, — répondit Kerjean, stupéfait de cette soudaine et inexplicable explosion.

— Vous connaissez ces gens-là??... — reprit l'hôtelier du même ton.

— Y voyez-vous quelque inconvénient?...

— Vous êtes leur complice, alors !... — un bandit de leur espèce !... — continua le gros homme avec un redoublement de furie. — Vous ne valez pas mieux que ces misérables, j'en jurerais, quoique vous soyez *bien couvert*... — mais, *l'habit ne fait pas le moine*, c'est connu !... — Je ne sais ce qui me retient d'appeler le guet sur l'heure, et de vous faire empoigner ! — Allons, sortez d'ici, et plus vite que ça, sinon je vous mets la main au collet!... — Filez, bandit, et dépêchez-vous d'aller vous faire pendre ailleurs ! !...

L'hôtelier, complètement hors de lui-même et se grisant de ses propres paroles, s'avança vers Kerjean d'un air menaçant et la main étendue, comme pour joindre l'action aux paroles.

Le baron, immobile et les bras croisés sur la poitrine, l'attendit avec un calme parfait.

Cette attitude tout à la fois ferme et digne eut pour effet immédiat de jeter de l'eau froide sur la flamboyante exaspération du gros homme qui s'arrêta à trois ou quatre pas de Kerjean, d'un air indécis, embarrassé, presque confus.

— Ah çà! — dit alors le baron de sa voix la plu imposante, — devenez-vous fou, par hasard, monsieur le rôtisseur-hôtelier?... — Songez-vous bien à ce que vous faites, et ne vous apercevez-vous point que votre conduite insensée pourrait vous mener loin?... — Vous parlez d'appeler le guet pour me faire saisir!... — vous me menacez de porter la main sur moi!!... — Ignorez-vous qu'insultes et voies de fait sont prévues et sévèrement punies par les lois?... — De quel droit, s'il vous plaît, traitez-vous comme un gredin un honnête homme que vous ne connaissez pas? — De quel droit levez-vous la main sur lui? — De quel droit lui criez-vous de sortir, sans motif, sans provocation aucune? — Si ce n'est pas la folie qui vous fait agir ainsi, qu'est-ce donc?...

L'hôtelier, complètement déconcerté par la logique serrée et vigoureuse de cette argumentation et de ces reproches, se prit à rouler entre ses doigts le coin de son tablier, et balbutia :

— Dame!... monsieur... j'ai peut-être bien été trop vif... Eh! mon Dieu, je ne dis pas le contraire... — mais que voulez-vous... — ç'a été plus fort que moi... En vous entendant demander ce grand bandit de *Caramba* et sa coquine de sœur...

la colère m'a monté au cerveau et je me suis dit :

— *En voilà un de leur bande, tombons dessus!...*

— Et vous alliez y tomber ?...

— Mon Dieu oui...

— Vous auriez eu le plus grand tort du monde ! — répliqua Kerjean. — Mais enfin, à tout péché miséricorde... — Qu'il ne soit plus question de cela... — J'ai besoin de parler sans retard aux deux musiciens dont le nom seul possède le privilège de vous exaspérer si fort, et d'après ce que je viens d'entendre je présume que ce n'est plus ici que je dois les chercher...

Les yeux du gros homme étincelèrent de nouveau.

— Non, de par tous les diables ! — s'écria-t-il, — ce n'est plus ici, et si vous tenez à savoir où vous aurez chance de les trouver, je vais vous le dire...

— Vous m'obligerez fort...

— Eh bien, allez donc les réclamer dans les cachots du Châtelet...

— Comment ! — murmura le baron au comble de l'étonnement, — ils sont arrêtés !...

— Ils le seront bientôt du moins, j'en réponds ! — Dès demain matin, à la première heure, je vais aller déposer ma plainte, et je suis un homme établi, moi! très considéré dans le quartier, moi! et je vous prie de croire que ma déposition sera bien et dûment accueillie!...

— Votre plainte? — répéta Kerjean. — Mais à quel propos vous plaindrez-vous?

— Que vous importe?

— Il m'importe beaucoup... — Je connais à peine les gens de qui nous parlons, — je ne les ai vus qu'une seule fois, pendant quelques minutes tout au plus, et cependant j'ai des raisons pour leur porter un certain intérêt.

L'hôtelier fixa sur le baron un regard investigateur.

— Au fait, — se dit-il à lui-même, — la bohémienne est jolie... — elle a deux yeux noirs plus brillants que le soleil!!... ces yeux-là peuvent expliquer bien des choses...

Puis, tout haut, il reprit :

— Eh bien, puisque vous vous intéressez à ces gens-là, je ne refuse point de vous apprendre qu'ils m'ont volé!... abominablement volé!...

— Beaucoup?...

— Énormément!...

— Combien?

— La valeur de trois louis d'or, tout au moins...

— Et c'est pour une aussi misérable somme que vous songez à faire emprisonner ces malheureux!! — s'écria Kerjean.

— Q'appelez-vous misérable somme? — répliqua l'hôtelier avec aigreur. — Trois louis valent soixante-douze livres, savez-vous, ce qui est un joli denier!... — On voit bien que ce n'est pas de votre bourse qu'ils sortent!... — Me les rendrez-vous, vous qui parlez?...

— Les voici...

Et le baron laissa tomber trois pièces d'or dans a main du gros homme qui, pétrifié, anéanti, stupéfié d'une générosité si complètement inattendue, se hâta d'empocher les louis, tout en se décoiffant de son bonnet de coton blanc pour saluer jusqu'à terre.

— Vous n'avez présentement rien à réclamer, n'est-ce pas? — demanda Kerjean.

— Pas un rouge liard, mon gentilhomme...

— Je n'ai pas l'honneur d'être gentilhomme... interrompit le baron, — je ne suis qu'un bourgeois d'Auteuil, quelque peu à son aise... et rien de plus...

— Oui, mon digne monsieur...

— Naturellement il ne saurait désormais être question de plainte?

— Bien entendu! — cela va de soi!... Grâce à vous je ne me plains plus de rien, ni de personne... tout au contraire.

— Faites-moi donc maintenant le plaisir de me raconter ce qui motive votre grand courroux contre ces pauvres gens, que j'ai peine à croire aussi coupables que vous le dites...

— Je suis à vos ordres, mon digne monsieur...

— Je vous écoute, commencez...

— Il faut vous apprendre d'abord que ce gredin de *Caramba* — (je l'appelle *Caramba*, parce qu'il ne saurait prononcer trois paroles sans y coudre ce juron de son pays). — Donc, ce grand escogriffe de musicien, un bon diable au fond, j'en suis sûr, — et sa bohémienne de sœur... une vraie perle de beauté, une divinité, sur ma parole!... sont venus se loger dans ma maison il y a quelque chose comme une quinzaine de jours... — Puisque vous les connaissez, vous savez comme moi que le frère ne paye point de mine, et la sœur, bien qu'elle ressemble plutôt à une reine qu'à une baladine de carrefours, n'a pour toute parure que des friperies sans aucune valeur... — Ce jour-là, outre sa longue épée, sa mandoline et son tambour de basque, Caramba portait sur l'épaule un bâton d'épine au bout duquel se suspendait un petit paquet noué dans un vieux mouchoir... — Le contenu de ce mouchoir ne valait pas un écu... — oh! non!! — Je ne me souciais guère, j'en conviens, d'accueillir de pareils hôtes, mais la sœur est si jolie, et le frère me dit de si belles paroles, que je me décidai bonifacement à leur donner deux petites chambres, bien situées et en bon air, tout au haut de la maison...

— Au grenier? — interrompit Luc.

— Au grenier, c'est vrai, mais un grenier très commode et parfaitement meublé, je vous jure!... Comme mes locataires prétendaient gagner de quoi vivre en exerçant leur art dans les tavernes et autres endroits publics, j'exigeai d'eux la promesse que je serais payé chaque soir sur la recette du jour... — Pendant la première semaine tout alla bien, — le frère et la sœur furent exacts, et je m'empressai de leur fournir une bonne nourriture à bon marché... — La semaine suivante Caramba se montra plus irrégulier dans ses paiements... — je patientai néanmoins, tant j'ai l'âme bonne, et je me contentai de quelques acomptes... — Mais ces acomptes eux-mêmes s'arrêtèrent... — Je dus couper court au crédit, refuser nettement de fournir des vivres, et menacer d'expulsion prochaine si l'argent n'arrivait point... — J'étais dans mon droit, n'est-ce pas, monsieur? J'imagine que vous le pensez comme moi?

Luc fit un signe affirmatif.

— Voici que le soir du mardi gras, un peu avant minuit, — continua le gros homme, — je vis rentrer le frère et la sœur si fiers et si joyeux l'un et l'autre, que j'avais peine à les reconnaître... — Caramba se permit vis-à-vis de moi des privautés peu convenables... — il me donna des nasardes et me tapa sur le ventre!... — Je me dis : *Voilà des gens qui ont peut-être de l'argent!*... Je saisis l'occasion aux cheveux, et je présentai ma note... — Caramba me rit au nez, tira de sa poche des poignées d'or et les fit sautiller sous mes yeux...

— Mes vingt-cinq louis ! — pensa Kerjean.

L'hôtelier poursuivit :

— La vue de tant d'or me fascina... — Je rengainai ma note bien vite, car vous savez que nous autres nous ne tenons plus à recevoir de l'argent quand nous avons la certitude qu'on peut nous en donner... — Caramba me commanda le souper le plus délicat et le plus copieux : un dindon tout entier; — un jambonneau; — des saucisses et des boudins en quantité ; — une grosse carpe frite et du raisiné de Bourgogne, — et, pour arroser ces mets exquis, je ne sais combien de bouteilles des meilleurs vins vieux de ma cave... — Je servis avec promptitude, et Caramba parut satisfait... — Le lendemain, qui était hier, cette bombance continua toute la journée... — Naturellement la note grossissait comme une vessie remplie de vent... — sur le soir, Caramba sortit seul et resta deux heures dehors. — Quand il rentra, il avait la mine si piteuse et l'oreille si basse, que j'en conçus quelque inquiétude, et je présentai ma note dont le total atteignait l'énorme chiffre de soixante livres !... — Caramba me lança un coup d'œil sinistre. — *Je vais préparer l'argent*, — me répondit-il d'une voix sombre, — *préparez le reçu et montez dans cinq minutes*... — Ces paroles me rassurèrent... — j'acquittai ma note et, les cinq minutes écoulées, je gravis l'escalier... — Jugez de ma stupeur et de ma colère ! — je trouvai les deux chambres vides ! — tandis que j'escaladais les hauteurs de la maison, le frère et la sœur, cachés derrière la porte du premier étage pour me laisser passer, prenaient la clef des champs et, afin de compléter une action si noire Caramba, en traversant la salle basse, dérobait mon plus beau jambon!... un jambon de Bayonne du prix de douze livres! — Voilà les faits, monsieur! jugez maintenant si, en présence de telles scélératesses, ce n'était pas pour moi un droit et un devoir de porter plainte et de réclamer justice et vengeance!

Kerjean approuva, ou tout au moins parut approuver la conduite du gros homme, ce qui remplit de joie ce dernier, — puis, quittant l'hôtellerie du *Compagnon de saint Antoine*, il se dirigea vers l'endroit où *le char numéroté*, comme écrit Boileau, l'attendait.

Chemin faisant, il se disait à lui-même :

— En vérité je commence à croire qu'une brillante étoile me protège! — Tout me réussit! — Si j'avais retardé seulement de vingt-quatre heures la démarche que je viens d'accomplir, mes beaux plans, sapés par la base, s'écroulaient! une misérable somme de trois louis faisait jeter en prison cette créature, cette gitane, sur laquelle repose ma fortune à venir! — Par bonheur je suis arrivé à temps! — Il faut retrouver maintenant le frère et la sœur, et les retrouver vite... — Mais, ou je me trompe fort, ou demain, sinon cette nuit même, je serai sur leurs traces.

Tout en se livrant au monologue que nous venons de transcrire, le baron marchait rapidement.

— Il ne tarda guère à rejoindre la voiture conduite par l'ex-garde-française, qui se hâta de lui ouvrir la portière et lui adressa de nouveau la question sacramentelle :

— Où allons-nous, mon bourgeois ?

Pendant quelques secondes Kerjean réfléchit, comme s'il n'avait point été parfaitement fixé sur le but de cette nouvelle course, et tel était en effet le motif de son hésitation.

Enfin il répondit :

— A la Pointe Saint-Eustache, près des Halles.

— Suffit, mon bourgeois.

L'automédon remonta sur son siège en sifflant un air de pont-neuf, et fouetta ses chevaux qui partirent au petit trot.

XXII

UNE TAVERNE DU BON VIEUX TEMPS

A la Pointe Saint-Eustache le cocher, fidèle à la consigne donnée, arrêta son attelage. — Kerjean paya d'une seconde pièce de trente sous cette nouvelle course et, après avoir recommandé de l'attendre, il disparut dans l'une de ces ruelles fangeuses qui s'enchevêtraient à cette époque derrière le chevet de la vieille église, et dont aujourd'hui tout a disparu, tout est oublié, même le nom.

Rien de plus sinistre que cette ruelle, plus semblable à un cul-de-sac qu'à une voie de communication, et dans laquelle, une fois la nuit venue, les honnêtes gens du quartier évitaient avec soin de se hasarder, car elle jouissait d'une renommée au moins douteuse, et les fâcheuses rencontres y étaient fréquentes.

Le baron ne partageait point ces terreurs, ou bien il les dédaignait, car il affronta les ténèbres visibles d'un pas ferme et résolu, mais il eut soin de bien assurer dans sa main droite la poignée d'ivoire de sa longue canne. — Disons en passant que cette canne rendait un son métallique inexplicable, lorsqu'elle se heurtait contre les pavés.

Bientôt M. de Kerjean arriva en face d'une maison d'apparence misérable qui n'avait qu'un rez-de-chaussée et un étage. Ce rez-de-chaussée était percé d'une porte et de deux fenêtres, — porte close, — volets fermés. — Seulement, à travers les entrebâillements des volets, on voyait s'échapper des traînées de lumière, on entendait s'exhaler des bruits de voix avinées, criant, chantant, vociférant.

Une petite enseigne placée au-dessus de la porte comme celle du *Compagnon de saint Antoine*, et complètement noyée dans l'obscurité, expliquait ces rumeurs. — Lorsqu'il faisait jour on pouvait lire sur cette enseigne les mots suivants, tracés en lettres irrégulières :

AUX SUPPOTS DU DIEU BACCHUS

Kerjean chercha le loquet, — il le trouva sans peine ; il ouvrit la porte ; il entra.

Les plus abominables estaminets des quartiers boueux du Paris moderne, les bouges de la Cité, — les *tapis-francs* décrits par les romanciers, — les *souricières* immondes que connaît la police, ne sauraient donner à nos lecteurs une idée exacte de la taverne dans laquelle nous les introduisons.

Une salle unique, aussi profonde que la maison elle-même, occupait la totalité du rez-de-chaussée. — Cette salle aux murailles nues, écaillées et graisseuses, tatouées de dessins abjects tracés dans le plâtre avec la pointe des couteaux, avait un plafond noir à solive saillantes, soutenues par des piliers de bois à peine équarris. —. De grands festons de toiles d'araignées pendaient à chaque solive. — Des lampes de fer, dont les godets renfermaient de longues mèches plates, repliées dans l'huile de noix, s'accrochaient à chaque pilier, éclairant la salle jusqu'en ses profondeurs les plus reculées.

Un quadruple rang de tables de chêne, étroites et d'une indicible malpropreté, s'alignaient dans le sens de la longueur. — Les pieds massifs de ces tables étaient scellés dans le carreau, aussi bien que les escabeaux et les bancs; — utile précaution qui rendait impossible l'emploi du mobilier comme armes offensives et défensives dans les rixes souvent renouvelées et parfois sanglantes dont la taverne était le théâtre.

De distance en distance des gobelets d'étain se voyaient sur les tables, retenus par de petites chaînettes de fer, afin d'ôter aux habitués la tentation d'emporter les coupes après les libations.

Une douzaine de tonneaux et de barils — (de toutes les tailles et munis de robinets) — contenant du vin et de l'eau-de-vie, s'entassaient les uns sur les autres dans l'angle de la salle le plus rapproché de la fenêtre de gauche et à proximité d'un massif comptoir supportant des mesures de cinq ou six grandeurs différentes.

Le maître du logis, petit vieillard chétif, au visage blafard avec une tache rouge sur chaque pommette, suffisait au service avec deux vigoureux garçons qu'il avait sous ses ordres. — Ces trois hommes allaient et venaient sans relâche, — répondant à chacun et se multipliant au milieu de ce véritable *pandémonium*.

Au moment où le baron pénétra dans la taverne des *Suppôts du dieu Bacchus*, et referma la porte derrière lui, il fut saisi à la gorge et presque asphyxié par les abominables senteurs des lampes fumeuses, — des eaux-de-vie frelatées, — du vin répandu, et de la fumée de tabac, car un certain nombre des habitués fumaient des pipes hollandaises de terre blanche, choses presque complètement inusitée en France à cette époque.

Comme dans la maison de la rue du Puits-qui-Parle, Luc approcha de ses narines son mouchoir parfumé ; — il fit ensuite un appel à toute son énergie physique et morale et, enfonçant son chapeau sur ses yeux, de manière à plonger sa figure dans une ombre épaisse, il promena ses regards autour de lui.

A chaque table on ne voyait que des visages de mauvais augure, — des physionomies farouches, — des types de bandits et de coupe-jarrets. — C'était à se croire en pleine Cour des Miracles.

Les rauques accents d'un langage bizarre, plein de désinences argotiques, frappaient et blessaient l'oreille. — On entendait retentir des chansons hideuses aux refrains orduriers.

Bref, ce n'était ni un cabaret, ni une taverne, — c'était un repaire, dans la plus complète et la plus sinistre acception du mot.

L'entrée de Luc fit sensation. — Son costume couleur tabac d'Espagne, — costume bien simple cependant et bien *bourgeois*, attirait l'attention générale, et cette attention ne semblait rien moins que bienveillante.

Des murmures vagues roulaient dans l'atmosphère pesante. — Des yeux étincelants se fixaient sur l'intrus comme une provocation, des doigts menaçants le désignaient.

Le baron de Kerjean, sans se préoccuper de l'orage qui se formait et grossissait autour de lui, continua de s'avancer entre les tables, en examinant attentivement chaque buveur à côté duquel il passait.

Il atteignit ainsi l'extrémité de la salle. — Arrivé là, un léger mouvement des muscles de son visage indiqua qu'il venait enfin de trouver ce qu'il cherchait.

Il se dirigea sans hésiter vers l'angle de droite, où un personnage d'aspect étrange était assis solitairement, la tête renversée en arrière et appuyée contre la muraille, les paupières closes, fumant une longue pipe dont le fourneau reposait sur la table, à côté d'une mesure d'étain remplie d'alcool.

Ce personnage, d'une taille un peu au-dessus de la moyenne, portait un tricorne jadis galonné et une petite perruque de crin, poudrée avec de la farine. — Son visage bilieux et tourmenté, où la lumière et l'ombre se jouaient dans des rides et des gerçures invraisemblables, et qu'accentuait un nez cramoisi, offrait une laideur tout à la fois triviale et intelligente. — De longues moustaches noires retroussées en crocs, et une cicatrice qui partageait la joue gauche depuis le sourcil jusqu'à la lèvre, donnaient à sa figure quelque chose de soldatesque. — Ses vêtements, d'une pauvreté sordide, semblaient avoir fait partie, jadis, d'un costume militaire. — Il portait en verrouil une épée longue et solide.

M. de Kerjean s'arrêta en face du singulier compagnon dont nous venons de tracer un croquis rapide et, se penchant vers lui, il lui toucha légèrement le bras.

L'homme à la cicatrice fit un brusque haut-le-corps, accompagné d'un grognement sourd, comparable à celui d'un dogue à qui l'on veut enlever un os.

— Qui êtes-vous ? — que me voulez-vous ? — demanda-t-il d'une voix rauque. — Allez au diable !...

Le baron ne répondit ni à l'une ni à l'autre de ces trois phrases... — il se contenta d'étendre sa main gauche vers le fumeur en prononçant ce seul mot :

— Regardez.

Les yeux de l'homme à la cicatrice se fixèrent sur la bague que Luc portait au doigt annulaire, et dont le chaton offrait l'image d'une torche allumée.

Cette bague avait sans doute quelques-unes des vertus d'un talisman, car le personnage qui nous occupe prit à l'instant même une physionomie soumise et respectueuse. — Il souleva de deux ou trois pouces son tricorne déformé et il murmura :

— Je supplie maître David de me pardonner la façon dont je lui ai parlé tout à l'heure... — j'ignorais...

— C'est bien... c'est bien, lieutenant Baudrille... — interrompit Luc ; — vous ignoriez, rien n'est plus simple... — mais maintenant vous savez...

— Et me voici tout à vos ordres... je vous prie de n'en pas douter.

— Tandis que ces quelques mots s'échangeaient à voix basse entre le baron de Kerjean et son bizarre interlocuteur, les rumeurs menaçantes dont nous avons parlé grandissaient. — Les bandits réunis dans la taverne, regardant le costume couleur tabac d'Espagne comme une insulte à leurs haillons, commençaient à réclamer de façon bruyante l'expulsion du nouveau venu trop luxueusement habillé.

— Faites taire ces coquins, je vous prie, — dit Luc, — leurs grognements m'importunent...

Le lieutenant Baudrille se leva, et d'une voix qui retentit assez haut pour dominer tous les autres bruits, il commanda :

— La paix, vous autres!! — Ne voyez-vous point, — ajouta-t-il, — que monsieur est de ma société!! Si l'un de vous se permet de parler trop fort, ses oreilles feront connaissance avec *Caressante*...

Le silence se rétablit comme par enchantement.

Baudrille ajouta, avec un sourire de satisfaction et en s'adressant au baron :

— *Caressante*, c'est ma bonne lame... — on sait ce qu'elle vaut...

— Vous êtes un vaillant... — répondit Luc, — et nul n'en doute...

En même temps il prit un escabeau et s'assit en face du personnage auquel nous lui avons entendu donner le titre de lieutenant.

— Maintenant, — dit-il, — causons...

— Vous avez besoin de moi? — demanda Baudrille.

— Oui.

— Cette nuit?

— A l'instant même.

— Je suis prêt...

— Et, — continua Kerjean, — il y aura de l'argent à gagner!... — Si je suis bien servi je payerai largement...

— Vive Dieu!! — murmura Baudrille en tordant sa moustache, — voilà des paroles qui m'exaltent!!...

— J'ajouterai qu'elles arrivent fort à propos, car l'argent se fait rare...

— Combien d'hommes dont vous soyez sûr comptez-vous en ce moment dans cette taverne? — reprit le baron.

Baudrille se leva de nouveau, monta sur une escabelle afin de dominer les groupes, et répondit, après quelques secondes d'observation attentive :

— Quatorze.

— C'est insuffisant, je le crains.

— Je ne demande qu'une demi-heure pour en réunir cinquante, et plus s'il le faut... — je connais les bons endroits... — ils abondent dans ce quartier... — Une fois les hommes réunis, que faudra-t-il en faire ?

— Les lancer sur Paris, sans une minute de retard, avec l'ordre d'explorer tous les cabarets, toutes les tavernes, tous les tripots, tous les bouges, pour y découvrir ceux que je cherche...

— Quels sont ceux-là ?

— Le frère et la sœur, — deux musiciens ambulants, — Espagnols, je crois, l'un et l'autre, — ils logeaient hier encore à l'hôtellerie du *Compagnon de saint Antoine.*

— Leur signalement ?

— Le voici...

Luc décrivit en quelques mots les physionomies si caractéristiques et si facilement reconnaissables de Moralès et de Carmen.

— A merveille ! — répliqua Baudrille. — De telles gens ne sauraient se cacher longtemps pour nous...

— Cette nuit même nous les aurons...

— J'y compte.

— Lorsque ce gitano et cette gitane seront trouvés, devrai-je m'emparer d'eux et les garder à vue?...

— Non pas! il importe à mes projets qu'ils ignorent même qu'on les pourchasse.

— Dans ce cas, la consigne, s'il vous plaît?

— Elle est bien simple, — exercer une surveillance inostensible, et me prévenir sur-le-champ...

— Où vous retrouverai-je?

— Au bout de la rue, près de l'église, dans une voiture que je vais rejoindre en vous quittant.

— Il suffit. — Je cours donner les premiers ordres et faire commencer la battue.

Le lieutenant Baudrille quitta sa place, s'approcha successivement de plusieurs tables, et échangea de brèves paroles avec quelques hommes de vilaine mine.

Chacun de ces hommes se leva, aussitôt après ce court entretien, et sortit de la taverne.

Baudrille renouvela sept fois le manège que nous venons d'indiquer, — puis tout à coup, et au moment où il venait d'entamer un nouveau dialogue avec un huitième interlocuteur, il poussa une bruyante et joyeuse exclamation, frappa ses mains l'une contre l'autre et, sans continuer ses pérégrinations à travers la salle, il revint auprès de Luc.

— Eh bien? — demanda ce dernier, très intrigué de l'exclamation et du brusque retour de son émissaire.

—Ah! vive Dieu!! — murmura Baudrille en mettant une sourdine à sa voix, — vous pouvez vous vanter, maître David, d'avoir une chance de pendu!!...

— En quoi?

— En ce que la chasse est finie avant même d'être commencée...

— Mes bohémiens sont retrouvés?...

— A peu près... — Rigaud *le muet*, l'un de nos hommes, — un gaillard intelligent, et qui a la langue bien pendue!... les a vus il y a moins d'une heure...

— Où?

— Dans un tripot, ou plutôt dans un coupe-gorge, — la cave de Gigoux, *dit le bon compère*...

— La cave?...

— Mon Dieu oui, la cave. — Ah! vous ne connaissez pas cela, maître David, et cependant vous en savez bien long sur l'envers de Paris... C'est un drôle d'endroit, allez!...

— Indiquez-moi la position du tripot dont vous parlez...

— Rue Grégoire-de-Tours, — la troisième maison à main gauche en arrivant par la rue de Bucy...

— C'est bien, lieutenant. — Prenez ceci, et merci du renseignement...

Le baron mit quelques pièces d'or dans la main de Baudrille et se disposa à quitter la taverne.

— Ah çà! maître David, — s'écria le bandit, — où diable allez-vous comme ça?...

— Rue Grégoire-de-Tours, pardieu!!...

— Tout seul?

— Sans doute. — Pourquoi cette question?...

Baudrille se mit à rire en tordant sa moustache.

— Vous voulez donc vous faire écharper, mon maître? — dit-il ensuite. — Je vous répète que le tripot en question est un coupe-gorge!...

— Peu m'importe... je n'ai peur de rien...

— C'est un tort... — Avez-vous entendu raconter que, le matin du dimanche gras, on a trouvé près de Saint-Sulpice les cadavres de deux hommes à moitié nus et lardés de coups de couteau?...

— Oui, — j'ai entendu raconter cela...

— Eh bien, ces deux hommes avaient été assassinés pendant la nuit dans la cave à Gigoux, le bon compère... — L'un avait trois écus et l'autre cinq.

— On les a tués pour les leur prendre... et ensuite

on s'est débarrassé de leurs corps en les traînant jusqu'à la place de l'église.

— Comment savez-vous cela?

— J'y étais... — j'ai tout vu. — Ça m'a même taquiné, mais je n'ai rien pu empêcher.... — Vous êtes bien vêtu, maître David, et il y a de l'or dans vos poches... — Vous ne seriez pas depuis cinq minutes dans la cave, que votre affaire serait faite... On vous hacherait menu comme chair à pâté!... Je tiens à votre peau, moi, parce que vous êtes un homme de tête et un homme généreux... — Laissez-moi vous accompagner...

— Soit... — j'y consens...

Luc et Baudrille montèrent dans la voiture de place et se firent conduire rue de Bucy.

Chemin faisant, le gentilhomme questionna son compagnon.

— Croyez-vous que mes pauvres diables de musiciens ne courent aucun danger dans un si terrible repaire?... — lui dit-il.

— Ont-ils de l'argent? — demanda le lieutenant.

— J'en doute très fort, car ils ont été réduits à quitter hier soir clandestinement l'hôtellerie de la rue du Puits-qui-Parle, faute de quelques pistoles pour y payer leur dépense...

— Dans ce cas, ils n'ont rien à craindre... le frère du moins car, la sœur, étant jolie, pourrait bien courir certains risques... — il y a là de rudes compagnons, — mais je ne crois pas qu'on la tue...

La voiture s'arrêta à l'angle de la rue de Seine et de la rue de Bucy.

Le baron et le lieutenant descendirent, et se dirigèrent vers la rue Grégoire-de-Tours.

XXIII

LES CAVES DU BON COMPÈRE

Peu de minutes avant l'heure où Kerjean et Baudrille quittaient la voiture qui venait de les amener, des tapageurs nocturnes avaient, à coups de pierres, brisé les lanternes municipales dans les environs du carrefour Bucy, de manière à plonger les rues circonvoisines dans une obscurité profonde.

La rue Grégoire-de-Tours, fort étroite comme on sait, et bordée de hautes constructions, était noire comme la gueule d'un four. — Qu'on nous passe cette expression vulgaire mais pittoresque.

La troisième maison à main gauche, — celle

dont avait parlé Baudrille, — offrait quelque ressemblance avec le *Logis-Rouge* de la rue de l'Hirondelle. — Les façades de ces demeures sinistres, bâties l'une comme l'autre en bois et en pisé, présentaient toutes deux des sculptures grossières et hideuses, enluminées autrefois de couleurs criardes.

Seulement, rue de l'Hirondelle, on montait trois marches pour arriver à la porte du Logis-Rouge.

Rue Grégoire-de-Tours, au contraire, on pénétrait dans la maison en descendant un escalier toujours humide et toujours boueux. — Cet escalier conduisait à de vastes caves voûtées qu'il fallait traverser avant d'atteindre une échelle à rampe de corde, établissant la communication avec les étages supérieurs de la maison, grâce à un trou rond percé dans la voûte.

Voici la raison de cette particularité au moins bizarre :

Gigoux, dit le *bon compère*, un ex-gredin, un condamné jadis à dix années de prison, par le présidial de Bourges, pour vol avec effraction et escalade, et enrichi depuis lors par un héritage inattendu de quarante mille livres, avait employé ses capitaux à l'acquisition d'un immeuble rue Grégoire-de-Tours, immeuble qu'il avait métamor-

phosé en une de ces hôtelleries de très bas étage sur la porte desquelles on lit aujourd'hui ces mots :
— *Ici on loge à la nuit.*

La spéculation s'étant trouvée bonne, Gigoux résolut d'adjoindre à sa maison garnie un tripot et une taverne; mais, pour ne point perdre de place et mettre à profit l'étage souterrain, il utilisa ses caves dont il fit une vaste salle basse et, afin de simplifier la surveillance et de se dispenser du luxe inutile d'un portier, il fit murer l'entrée primitive, installer l'échelle servant d'escalier et percer la voûte, de façon à ce que les habitants du garni dussent, pour arriver ou pour partir, passer par la cave et par conséquent sous ses yeux, car il trônait jour et nuit derrière son comptoir et semblait ne jamais dormir.

Dans la taverne du bon compère, non seulement on buvait d'infernales liqueurs et des vins frelatés, — mais encore on jouait à certains jeux de hasard, tel que le lansquenet, la bassette et le biribi. — Gigoux prélevait sur les gagnants après chaque partie, une contribution toujours payée de mauvaise grâce.

Les hôtes permanents de cette caverne étaient presque sans exception des gibiers de potence, capables de tout. — Les voleurs, les assassins, les galériens évadés ou en rupture de ban y trouvaient un asile sûr, pourvu que l'état de leurs finances les mît à même de payer la bienveillance du maître. — Si, par hasard, une innocente dupe se fourvoyait dans ce lieu maudit, elle n'en sortait que complètement dépouillée et devait encore s'estimer heureuse d'en être sortie vivante.

Luc et Baudrille s'engagèrent dans l'escalier que coupaient de distance en distance des portes massives, munies de barres de fer d'une solidité à toute épreuve. — Habituellement ces portes restaient entr'ouvertes.

Le spectacle qui s'offrit aux yeux de Kerjean lorsque, debout sur l'avant-dernière marche, il domina les profondeurs souterraines, réalisait de la façon la plus complète l'idée qu'on doit se faire d'un véritable repaire de brigands.

Des lampes accrochées çà et là aux piliers massifs jetaient leurs clartés pâles et presque fantastiques sur des visages sataniques et sur des costumes qui ne se pouvaient comparer qu'aux haillons des gueux de Callot.

Quelques femmes, créatures immondes dont l'âge et presque le sexe restaient douteux, se mê-

laient aux groupes avinés et jetaient, parmi les cla
meurs et les vociférations assourdissantes, les notes
aiguës de leurs voix fêlées.

A l'extrémité de la cave, dans un enfoncement
éclairé par une énorme lanterne suspendue à la
voûte, se voyait une table ronde en chêne massif,
recouverte de gros drap brun tailladé par la pointe
des couteaux, déchiqueté par les ongles crispés...

Autour de cette table se pressaient une quinzaine
d'hommes, — nous pourrions presque dire de
spectres, — dont les faces blafardes portaient
l'empreinte de toutes les passions, de tous les vices,
de tous les crimes.

Des paquets de cartes crasseuses passaient de
main en main; — des poignées de monnaies de
cuivre, parmi lesquelles brillaient quelques pièces
d'argent, étaient éparses sur le tapis. — La partie
de lansquenet commencée atteignait son plus haut
point d'animation.

— Eh bien, maître David, — demanda Baudrille,
— votre homme est-il ici?

— Le voilà, — répondit Kerjean.

— Où donc?

Le baron désigna, juste en face de lui, la sil-
houette osseuse, quasi diaphane, à demi invraisem-

blable, et la figure grotesque et macaronique de Moralès.

Le gitano se tenait debout derrière la table de lansquenet et dépassait de toute la tête les autres joueurs.

Il était livide. — Ses yeux étincelaient d'un feu sombre ; — de grosses gouttes de sueur ruisselaient sur son front dépouillé ; — ses doigt crochus laissaient tomber les cartes une à une, car en ce moment la banque se trouvait entre ses mains.

— Vive Dieu ! — s'écria Baudrille, — savez-vous, maître David, que vos portrait sont tracés de main de maître ! — Si mes regards étaient tombés sur ce drôle, je l'aurais reconnu du premier coup d'œil rien qu'au signalement donné par vous.

— Approchons-nous de lui, — dit Kerjean.

— C'est facile, mais prenez mon bras... — Lorsqu'il sera bien constaté que nous sommes ensemble, personne n'osera vous insulter.

L'offre de Baudrille séduisait médiocrement le baron. — Il se décida cependant à l'accepter et il passa son bras, non sans répugnance, sous celui du bandit.

Les deux hommes traversèrent la taverne souterraine et arrivèrent auprès de la table de lansquenet dont ils firent le tour. — Ils ne se trouvaient plus qu'à quelques pas de Moralès, et ils aperçurent Carmen adossée à un pilier, tenant d'une main distraite la mandoline dont son frère s'était momentanément séparé.

La gitane suivait avec une attention profonde et une vive anxiété les péripéties du jeu. — Elle ne daigna point jeter un regard à Kerjean ni à Baudrille.

— Vive Dieu ! la belle créature ! — murmura ce dernier.

Et il ajouta, en approchant ses lèvres de l'oreille de son compagnon :

— Eh ! eh ! maître David, je commence à comprendre l'importance que vous mettiez à retrouver ces gens au plus vite !... Vive Dieu, la donzelle en vaut la peine !

Le baron ne répondit pas. — Il décrivit un demi-cercle, de façon à se placer derrière les joueurs, en face de Moralès. — Le gitano gagnait. — Une pyramide de pièces de cuivre et d'argent s'élevait devant lui.

Tout à côté de Kerjean, deux hommes parlaient à voix basse. — C'étaient des gaillards de haute taille, à physionomies patibulaires, à tournures de coupe-jarrets. Comme le lieutenant Baudrille ils avaient de longues moustaches et de longues épées, et portaient avec une désinvolture ultra-cavalière des costumes en désarroi.

Le baron saisit au vol quelques mots de leur mystérieux entretien. — Ces quelques mots lui donnèrent l'éveil.

Il prêta toute son attention et il entendit ceci :

— Sont-ils prévenus tous ?

— Oui, tous.

— Le bonheur du drôle est insolent ! — Il gagne au moins vingt-quatre livres, sais-tu ! — S'il passe une fois encore, le moment sera bon... — je donnerai le signal en criant *comme un brûlé*, et alors...

— Alors, bacchanal général... — les gaillards tomberont sur l'argent et sur le faquin... — Argent pillé, faquin assommé, double aubaine...

— Nous, pendant ce temps, nous enlevons la fille, et vive la joie !...

— Et l'écu de six livres promis ?...

— Je n'ai qu'une parole... — Aussitôt la fille prise, l'écu de six livres est à toi...

Kerjean avait tout compris. — Le péril était imminent pour Carmen et pour Moralès. — Ce péril, à tout prix, il fallait le conjurer.

Le baron dégagea son bras passé sous celui du lieutenant, et dit ce dernier :

— Baudrille, la main sur la garde de votre épée, vivement...

— Pourquoi faire? — demanda le bandit stupéfait.

— Silence, et obéissez...

— Voilà qui suffit !... — L'épée ne tient plus au fourreau...

La main droite de Luc serrait le pommeau d'ivoire de sa longue canne, dont sa main gauche pressait le jonc. — Un mouvement sec de son poignet fit briller deux pouces de fer aux yeux étonnés du lieutenant.

— Ah ! ah ! — se dit-il à lui-même, — la canne était un fourreau!... — Fort bien ! — Maître David est un homme avisé!...

Le baron changea de place et Baudrille le suivit.

Tous deux se trouvèrent dans l'espace resté libre entre Moralès et le pilier contre lequel s'appuyait Carmen.

En ce moment le gitano laissa tomber une dernière carte.

— La dame de cœur ! — dit-il alors d'une voix émue et triomphante. — Par Notre-Dame d'Atocha

je gagne le coup! — Les dames m'ont toujours voulu du bien, caramba!... — Elles continuent!...
— Il y a vingt-quatre livres à la banque... faites votre jeu... mes bons amis... faites votre jeu...

Un silence profond succéda à ces paroles; puis le coupe-jarrets anonyme dont nous n'ignorons pas les projets, s'écria en ébranlant la table d'un coup de poing :

— Cet homme est un gredin!... personne ici ne le connaît, et je viens de le voir filer la carte!... Il ne nous a pas gagné notre argent, il nous l'a volé!... — Reprenons ce qui est à nous, et sus au coquin!!

— Sus au coquin!... — répétèrent les joueurs avec un accord parfait.

Un indescriptible brouhaha suivit ce cri, et dix bras se levèrent à la fois sur le malheureux gitano, aussi complètement stupéfié que s'il venait de voir la foudre tomber devant lui.

Mais les mains étendues ne rencontrèrent que le vide.

Kerjean venait de saisir Moralès par le collet de son habit et de le tirer violemment en arrière, de façon à le dégager du cercle des assaillants.

— L'épée à la main, — lui dit-il, — et faites de votre mieux! — Nous sommes avec vous!

— Et défends ta peau, mon gars, — ajouta Baudrille, — car voilà pas mal de bons vivants qui vont tâcher d'y faire des accrocs !...

Moralès, éperdu de frayeur et vacillant sur ses jambes, tira gauchement du fourreau sa flamberge rouillée et se mit tant bien que mal en défense.

Kerjean avait fait jaillir de la canne de jonc l'acier souple et damasquiné d'une lame incomparable.

Baudrille sifflotait du bout de ses dents, en faisant des appels avec le pied droit comme un maître d'armes dans une salle d'escrime.

Carmen, selon sa coutume invariable, maudissait son frère qui venait de la jeter avec lui dans une situation si difficile et si dangereuse.

Cependant, tandis que les joueurs se partageaient avec force blasphèmes et horions l'argent gagné par le gitano, les deux coupe-jarrets, ignorant que la première partie de leur plan venait d'échouer, se précipitèrent dans la direction de Carmen pour réaliser la seconde.

Ils se trouvèrent en face de trois hommes, dont l'un n'était guère redoutable il est vrai, mais dont les deux autres en valaient dix.

Les misérables reculèrent pour dégaîner, — puis

aussitôt ils revinrent à la charge. — Leur attaque impétueuse se brisa contre la vaillante impassibilité de Luc et de Baudrille, — leurs rapières se heurtèrent contre une infranchissable muraille d'acier.

Ce combat, dans des conditions à peu près égales, ne dura d'ailleurs que quelques minutes. — Les spadassins poussèrent un sifflement d'appel qui réunit à l'instant même autour d'eux une poignée de bandits de leur sorte, toujours prêts à jouer un rôle actif dans une bagarre meurtrière.

La clarté rouge de la lanterne mit des étincelles sanglantes sur les lames de vingt épées.

— Allons, — murmura Kerjean, — nous sommes perdus! — C'est dommage! — Mon étoile si lumineuse n'était qu'une étoile filante...

Baudrille entendit le commencement de cette phrase.

— Perdus! — répéta-t-il, — oh! pas encore, maître David! — Ils sont vingt, et c'est beaucoup, — mais qui sait si, tout à l'heure, nous ne serons pas trente.

Et, d'une voix éclatante, dont les échos des voûtes répétèrent les vibrations avec un fracas de tonnerre, le lieutenant cria :

— A moi, les compagnons de la Torche!

XXIV

CARMEN ET MAITRE DAVID

Les prévisions encourageantes de Baudrille se réalisèrent à l'instant même. — A peine le cri d'appel : — *A moi les compagnons de la Torche !*... venait-il de retentir, qu'une vingtaine de sacripants abandonnèrent leurs brocs et leurs pipes pour mettre l'épée à la main et, faisant une trouée vigoureuse parmi les assaillants, se joignirent au petit groupe composé de Kerjean, de Baudrille et de Moralès.

La partie redevenait égale ; la lutte commença aussitôt.

Elle fut courte, mais meurtrière. — Le baron et

le lieutenant croisaient le fer avec les deux spadassins instigateurs du complot. — L'épée de Luc traversa son adversaire de part en part. — La rapière de Baudrille atteignit le second coupe-jarrets entre les sourcils et l'étendit roide mort.

Du côté des compagnons de la Torche un seul homme fut blessé.

Le combat, désormais, n'avait plus de motifs. — Il cessa brusquement, comme il avait commencé. — On porta dans un coin sombre les deux cadavres, en attendant l'heure de les faire disparaître, et les valets du bon compère se mirent en devoir d'éponger le sang sur les dalles.

Carmen ne comprenait rien à ce qui venait de se passer sous ses yeux.

Elle ne s'expliquait, ni l'agression dont elle et son frère venaient d'être l'objet, ni l'intervention inattendue de défenseurs inconnus car, sous le costume de maître David, elle ne reconnaissait point le baron de Kerjean, à peine entrevu par elle au Logis-Rouge, le soir du mardi gras.

Moralès, sincèrement persuadé qu'il venait de renouveler les glorieux faits d'armes qu'on trouve à chaque page dans les *romanceros* espagnols, tirait de sa poche un vieux mouchoir en lambeaux et faisait mine d'essuyer avec conscience et conviction la lame vierge de sa longue brette.

— Voilà qui va bien... — murmura le lieutenant à l'oreille du baron, — cependant ne nous attardons pas trop dans ce nid de coquins... — Les deux bravaches que nous venons d'expédier avaient ici des partisans nombreux... — L'affaire pourrait recommencer... — Décampons, maître David, croyez-moi... une belle retraite double le mérite d'une victoire ! !

Kerjean fit un signe affirmatif et s'approcha de Carmen.

— Senora, — lui dit-il, — c'est à vous et à vous seule qu'en voulaient les bandits dont nous venons de faire justice... D'autres misérables peuvent essayer de reprendre l'œuvre interrompue... Vous n'êtes pas en sûreté dans ce repaire... — Voulez-vous me faire l'honneur de m'accompagner?

— Oui, oui... — répliqua vivement la gitane, — fuyons ce lieu maudit où je ne suis entrée qu'avec épouvante et avec horreur ! — Nous sommes prêts à vous suivre, monsieur.

— Et nous ne vous quitterons plus... — ajouta Moralès. — Nous deviendrons inséparables ! ! — Nisus et Euryale... — Oreste et Pylade... — Damon et Pythias ! J'aime les braves, caramba ! je les adore, et, par Notre-Dame del Pilar, vous êtes, tout autant que moi-même, un foudre de vaillance !... Conduisez-nous où vous voudrez... notre confiance est sans limites... — Nous vous accompagnerons partout... oui, partout... fût-ce en enfer ! !

— Venez donc, — reprit le baron.

— Une minute cependant, s'il vous plaît, — reprit le gitano en retenant Luc par le bras. — N'y aurait-il pas moyen, avant de partir, d'exiger la restitution des vingt-quatre livres si loyalement gagnées par moi, et si vilainement pillées par ces gredins que l'enfer confonde ! !

Kerjean haussa les épaules.

— Eh ! — s'écria-t-il, — pour Dieu ! ne songez plus à cette misère !

— J'y songe, au contraire, — j'y songe beaucoup, caramba ! — Une misère... peste ! vingt-quatre livres !... — Cet argent devait m'être fort utile... indispensable même.

— Je vous en donnerai le double... — répliqua le baron.

— Vrai ?... — Dans ce cas, rien ne me retient céans... — partons au plus vite !... — C'est quarante-huit livres que vous me devez... — mettons cinquante pour faire un compte rond... — voilà qui est entendu... — Décidément, vous êtes un bien galant homme !...

Malgré la gravité de la situation Luc ne put s'empêcher de rire... — Il tendit son bras gauche à Carmen et, tenant toujours de la main droite son épée nue, tandis que Baudrille et Moralès formaient l'arrière-garde, il traversa la taverne souterraine avec la gitane sans que personne fît une tentative pour s'opposer à son passage ; il gravit l'escalier, se trouva enfin dans la rue, et respira l'air pur et froid de la nuit, non sans éprouver un vif et profond sentiment de délivrance.

— Senora... — demanda-t-il à Carmen, — où désirez-vous que je vous conduise présentement ?...

La gitane allait répondre. — Moralès ne lui en donna pas le temps.

— Monsieur, — dit-il avec une extrême volubilité, — entre gens de notre valeur on se doit la sincérité la plus absolue, caramba !... — c'est mon avis !... — Voici donc le fait : notre situation est intéressante... — Étrangers à la France et arrivés depuis quarante-huit heures seulement à Paris, nous avons eu la déplorable chance d'oublier hier le nom de la rue et celui de l'hôtellerie où nous sommes descendus et où nos bagages et notre argent sont restés... ce qui, par Notre-Dame del Pilar, nous met dans un grand embarras qu'il doit vous être facile de comprendre...

— Mon frère vous déguise une partie de la vérité... interrompit Carmen malgré les signes de Moralès, — nous sommes sans argent, sans bagages, sans asile, et nous ne savons où nous réfugier en vous quittant...

— Demain votre situation sera changée, — répliqua Luc, — mais j'avoue qu'à cette heure avancée de la nuit, mon embarras n'est guère moindre que le vôtre... et je ne sais trop comment faire...

Le baron se tourna vers Baudrille qui marchait à côté de Moralès, et lui demanda :

— Lieutenant, avez-vous un logement quelconque ?...

Baudrille toussa deux ou trois fois.

— Hum ! hum ! — balbutia-t-il ensuite avec un embarras bien marqué, — un logement... mais sans aucun doute... Oui... vive Dieu ! j'ai un logement...

— Pouvez-vous le mettre à ma disposition, ou plutôt à la disposition de la senora pour cette nuit ?...

— A la disposition de la senora? — répéta Baudrille comme un écho.

— Oui.

— Je le voudrais... oh! je le voudrais de tout mon cœur... — mais malheureusement c'est difficile... c'est même impossible... — articula le lieutenant d'une voix de plus en plus hésitante.

— Pourquoi?

— Il faut vous dire, maître David, que j'aime peu la solitude, — elle m'attriste et me dispose à la mélancolie... ce qui m'est funeste... — Je recherche donc les tavernes et autres lieux animés et bruyants, et j'y demeure assez volontiers depuis le matin jusqu'au soir et depuis le soir jusqu'au matin... — Dans de telles conditions, mon logement me devenant tout à fait inutile, j'ai fait une action charitable en en disposant en faveur d'une pauvre famille, le père, la mère et six enfants... Oh! de bien braves gens, pleins de reconnaissance, et qui ne manquent point de prier à mon intention matin et soir.

— Voilà une charité qui vous honore et vous conduira droit au paradis, lieutenant Baudrille! — répliqua Luc avec un sourire. — Recevez tous mes compliments! — vous m'apparaissez cette nuit sous un point de vue vraiment nouveau !...

Puis s'adressant de nouveau à Carmen, il reprit :

— Éprouveriez-vous quelque répugnance, senora, à retourner pour quelques heures rue du Puits-qui Parle, à l'hôtellerie du *Compagnon de saint Antoine*, et à reprendre possession des modestes chambres qui étaient les vôtres hier ?...

Carmen et Moralès poussèrent à la fois une exclamation de surprise.

— Eh quoi ! — s'écria la gitane, — vous savez ?...

— Parfaitement, — répondit le baron.

— Ainsi, vous me connaissiez avant ce soir ?...

— J'avais cette joie.

— Où donc m'aviez-vous vue ?

— J'aurai le plaisir de vous le rappeler plus tard.

— Enfin, monsieur, si bien renseigné que vous soyez, il est une chose que vous ignorez, j'en suis certaine...

— Laquelle ?

— C'est qu'hier soir nous avons dû quitter clandestinement l'hôtellerie de la rue du Puits-qui-Parle faute d'y pouvoir acquitter une dette de deux ou trois louis... — Donc, il nous est tout à fait impossible d'y retourner cette nuit...

— En cela vous vous trompez, senora...

— Comment?

— Les trois louis qu'on vous réclamait ont été payés.

— Quand?

— Tout à l'heure.

— Par qui?

— Par moi.

— Par vous, monsieur ! Mais dans quel but? dans quel intérêt?

— Dans le but de vous éviter les ennuis de toutes sortes prêts à fondre sur vous à la suite d'une sotte plainte que le maître de l'hôtellerie se préparait à porter demain matin.

— En vérité, monsieur, vos façons d'agir tiennent du prodige, et vous ressemblez aux bons génies des traditions merveilleuses de mon pays natal.

— Rien de plus simple que ce que j'ai fait, au contraire, et je puis vous le prouver... — je vous cherchais, senora.

— Quoi! — s'écria Carmen dont l'étonnement grandissait, — vous me cherchiez! Ce n'est donc point le hasard seul qui vous a conduit tout à l'heure dans l'infâme caverne d'où nous sortons?

— Le hasard n'a rien à voir en tout ceci...

— Vous affrontiez pour moi cet enfer?

9.

— Mon Dieu, oui... — et ne vous étonnez point d'une recherche si persévérante... — je m'intéresse énormément à vous, senora.

— Je n'ai pas le droit d'en douter, monsieur, — interrompit la gitane, — après le courage dont vous avez fait preuve tout à l'heure en prenant ma défense... — mais, enfin, permettez-moi de vous demander pour la seconde fois quelle est la cause de cet intérêt ?

— Avant peu, je m'empresserai de vous révéler cette cause, — répondit Kerjean, — mais, pour une telle confidence, la rue où nous sommes serait un lieu mal choisi.

Tandis que s'échangeaient les paroles qui précèdent, nos quatre personnages avaient atteint, sans être suivis ni inquiétés, le point de jonction de la rue de Seine et de la rue de Bucy.

La voiture de place attendait. — Le cocher ronflait sur son siège. — Les pauvres chevaux dormaient, les jambes écartées et la tête basse, rêvant sans doute les délices d'une écurie bien chaude, d'une épaisse litière et d'une avoine abondante.

Kerjean ouvrit la portière, tandis que Baudrille réveillait l'automédon et s'installait à côté de lui sur le siège. — Le baron, Carmen et Moralès prirent place à l'intérieur, et la voiture se dirigea vers la rue du Puits-qui-Parle.

Les roues mal ferrées et les essieux chancelants du carrosse, numéroté menaient si grand tapage en roulant sur les pavés pointus et inégaux, que le faible bruit de la voix humaine ne pouvait dominer leur fracas métallique et qu'un silence complet dut régner dans le véhicule.

Kerjean profita de ce silence pour se demander, non sans étonnement, ce que pouvait être en réalité cette créature si charmante et si belle, et dont l'attitude et le langage offraient une distinction bien rare ou plutôt tout à fait introuvable chez les baladines de son espèce. — Il se posait à cet égard force questions auxquelles naturellement il ne pouvait répondre.

L'esprit de Carmen ne resta pas non plus inactif. — La gitane s'acharnait à la solution d'une enigme indéchiffrable. — Elle s'efforçait de deviner les motifs mystérieux de la conduite de cet inconnu placé si fort à propos sur son chemin ; — mais elle avait beau tourner et retourner la question sous toutes ses faces, sa perspicacité restait en défaut, et l'unique résultat de ses efforts d'imagination était de lui montrer le baron comme un riche bourgeois devenu passionnément amoureux d'elle. — Si vulgaire que lui parût et que fût en effet cette explication, Carmen se voyait forcée de s'en contenter, faute d'une autre plus originale et plus ingénieuse.

Quant à Moralès, il ne songeait absolument à rien autre chose qu'aux cinquante livres promises par le généreux défenseur que lui avait envoyé sa bonne étoile.

La voiture s'arrêta devant l'hôtellerie du *Compagnon de saint Antoine.* — Tout était clos, tout était éteint dans la rôtisserie et dans le logis. — Le petit cochon rouge aux pattes dorées semblait suspendu au-dessus de la porte d'une maison abandonnée.

— Lieutenant Baudrille, — dit Kerjean en se penchant hors de la portière, — il faut qu'on s'éveille là dedans et qu'on s'éveille vite ; — agissez en conséquence...

Baudrille ne se fit pas répéter deux fois cet ordre ; il s'élança du siège et se mit à heurter la porte de l'hôtellerie, tantôt avec ses poings robustes, tantôt avec la semelle ferrée de ses gros souliers.

Aucune réponse n'étant faite à ces sommations réitérées, le lieutenant se servit de la poignée de son épée comme d'un marteau gigantesque dont chaque coup ébranla la maison tout entière jusque dans ses profondeurs. — La porte, quoique solide et munie de gros clous à tête quadrangulaire, gémissait, craquait, menaçait ruine.

Une fenêtre s'ouvrit enfin à l'étage supérieur, et l'on vit apparaître sous les clartés pâles de la lune une large figure que la colère empourprait et que coiffait un bonnet de coton blanc. — Cette face apoplectique était celle de l'hôtelier.

— Tapageurs de nuit! — cria-t-il d'une voix étranglée par la colère. — Mécréants!... coquins!... bandits!... gens sans foi ni loi, sans feu ni lieu!... gibier de potence!... maroufles!... larrons damnés, tirez-vous d'ici vivement et détalez, je vous le conseille! — J'ai sous la main trois mousquets chargés, sans compter les pistolets et les arquebuses, et je vous canarderai comme loups et renards, pour vous apprendre à vouloir ainsi mettre à sac et pillage les logis des honnêtes gens!...

— Eh! maître logeur! — cria Baudrille, — il ne s'agit ni de sac ni de pillage, et point n'est besoin de votre arsenal. — Ce sont des pratiques qui vous arrivent, et en carrosse, comme vous voyez... Ouvrez donc la porte sans retard et préparez vos meilleures chambres.

Ce petit discours ne produisit qu'un effet médiocre. — L'hôtelier, surpris dans son premier sommeil, ne semblait guère disposé à la confiance. — Pour en finir Kerjean fut obligé de descendre de la voiture. — Il se montra et se fit reconnaître pour le bourgeois d'Auteuil qui soldait avec un désintéressement si noble les notes de trois louis laissées en souffrance par des bohèmes...

Le gros homme, enfin convaincu qu'il n'avait point affaire à une bande de malfaiteurs, alluma sa lampe, passa sa culotte et prit le parti de descendre et d'ouvrir.

Il poussa un cri de surprise en apercevant, derrière Kerjean, Carmen et Moralès, ses ex-locataires fugitifs.

— Eh bien, oui, c'est nous, mon hôte ! — dit le gitano en guise de réponse à cette exclamation du gros homme, — et, caramba ! vous devez vous sentir tout joyeux de nous revoir !... Il me semble, par Notre-Dame del Pilar, que nous ne vous avons point causé de préjudice, bien au contraire. — A propos, votre jambon était trop salé, j'en ai soif depuis ce matin... — Vous me verserez à boire tout à l'heure.

Kerjean paya et congédia le cocher, — il glissa

quelques pièces d'or dans la main de Baudrille, en prévenant ce dernier qu'il lui rendait la liberté, — il enjoignit à l'hôtelier de donner un appartement à ses compagnons et de leur servir un souper copieux de viandes froides et de vieux vins, et il monta avec eux dans cet appartement.

XXV

LES GARANTIES

Aussitôt que le souper commandé par le baron eût été installé sur l'unique table d'un logement auprès duquel les chambres les plus humbles des plus modestes hôtels garnis de notre époque passeraient à bon droit pour des modèles de luxe et de confort, l'hôtelier se retira.

Kerjean alla pousser derrière lui les verrous de la porte, de façon à prévenir tout retour indiscret; puis il s'assit en face du frère et de la sœur.

— Mon digne ami, — lui demanda le gitano, — vous offrirai-je un verre de ce vin de Beaune qui me paraît d'un heureux choix, caramba!...

Luc écarta de la main le verre que lui tendait Moralès.

— Vous n'en voulez pas ? — reprit ce dernier. — Eh bien, je le viderai à votre santé !...

Et il le fit avec enthousiasme, — prouvant ainsi que la santé de maître David l'intéressait au plus haut point.

Carmen examina le baron avec attention et persistance. — Elle se disait à elle-même : *Je suis sûre d'avoir déjà rencontré cet homme !...* — mais elle ne pouvait se rappeler ni l'époque ni le lieu de cette rencontre.

Luc comprit sans peine le travail qui se faisait dans l'esprit de la jeune femme.

— Senora, — fit-il en souriant, — je vais venir en aide à votre mémoire..

En même temps il ôta son chapeau aux larges bords, et il passa son mouchoir sur sa figure, de manière à effacer les rides qui le vieillissaient de dix ans.

— Me reconnaissez-vous maintenant ? — demanda-t-il ensuite.

Carmen fit un signe affirmatif.

— Caramba !! — s'écria Moralès. — Si nous ne reconnaissions point notre généreux bienfaiteur, nous serions des âmes viles... nous serions des malheureux tout à fait indignes de recevoir de nouveaux bienfaits... — Certes, nous ne vous oublierons jamais, mon gentilhomme, non, jamais, non plus que vos vingt-cinq louis... Comptez là-dessus !...

— Vous me devez bien peu de reconnaissance pour ces vingt-cinq louis, — reprit Kerjan avec un nouveau sourire, — car ils me paraissent vous avoir été médiocrement utiles.

— Hélas !... — murmura le gitano. — nous sommes tombés au milieu d'une bande de voleurs qui m'ont dévalisé... — J'ai vainement lutté comme un lion !...

— N'en croyez rien... — interrompit Carmen, — mon frère a joué, il a perdu.

— C'est ma foi vrai !... — riposta Moralès avec aplomb, — mais j'espérais gagner... — Je comptais doubler la somme, la tripler, la centupler !... — et j'en serais venu à bout, caramba !... sans la mauvaise fortune qui semble en ce moment s'acharner après mes chausses ! !

— Vous êtes joueur, — dit le baron. — Oh ! ne niez pas ! — Je ne vous blâme en aucune façon. — Le jeu, comme toutes les passions vives, donne à l'âme une trempe plus forte!... — Je vous approuve sincèrement...

— Voilà une morale qui me convient fort, et un gentilhomme qui me revient tout à fait, — pensa le gitano.

— Senora, — continua Luc, — vous souvenez-vous en quel lieu nous nous sommes rencontrés ?

— Au Logis-Rouge.

— Vous souvenez-vous des circonstances qui précédèrent cette rencontre ?

— La plus célèbre des diseuses de bonne aventure, la Goule, dont on affirme que les oracles sont infaillibles, venait de m'adresser une prédiction étrange.

— Elle vous avait promis la fortune, le pouvoir, la royauté, n'est-ce pas ?

— Elle m'avait promis tout cela, mais pour me railler sans doute, pour se jouer de ma misère...

— Ainsi vous doutez ?...

— Je fais plus que douter... — je ne crois pas...

— Vous avez tort, — il faut croire...

— A l'oracle de la Goule ?

— Oui.

— Mais c'est impossible !...

— Pourquoi ?...

— Un telle prédiction est insensée.

— Sa réalisation ne dépend que de vous et de moi!... — Oui ce magnifique avenir que la Goule vous a fait entrevoir, il est en mon pouvoir de le changer pour vous en réalité... — il est en mon pouvoir de dépasser vos rêves...

— Dépasser mes rêves! — s'écria la gitane avec un élan qu'il lui fut impossible de maîtriser. — Ah! monsieur le baron, si vous les connaissiez, vous ne parleriez point ainsi!...

— Il sont donc bien vastes?

— Comme le monde! — murmura Carmen, dont les yeux étincelèrent du feu sombre des ambitions si souvent déçues et toujours ravivées.

— J'aime cette réponse et j'aime cette ardeur!... — fit Kerjean. — Je commence à croire que nous sommes dignes de nous bien comprendre et de nous bien servir, et je vois que vous êtes née véritablement pour ce rôle immense que la destinée vous garde.

— Quel que soit ce rôle, je n'y faillirai point...
— Si haut que la destinée m'élève, le vertige ne me prendra pas.

— Comment vous nommez-vous?...

— Carmen.

— Eh bien, Carmen, voulez-vous me laisser lire dans votre âme ?

— Oui, je le veux.

— Ainsi, vous me répondrez avec une sincérité absolue ?...

— Comme je répondrais à Dieu, si l'heure du jugement était sonnée et si j'étais en présence de Dieu...

— Vous avez soif de puissance et d'or ?...

— Je veux dominer ou mourir... — Je veux toutes les joies, toutes les splendeurs, tous les orgueils de la vie... ou un linceul et une tombe...

— Et pour acheter ces joies, ces splendeurs, que donneriez-vous ?...

— Qu'ai-je à donner, ou plutôt qu'ai-je à refuser ? — Etes-vous le démon incarné sous une forme humaine, et venez-vous me proposer un pacte et m'acheter mon âme ? — Vous voyez bien que je n'ai pas peur !... — Où est le parchemin ? où est la plume ? — Donnez ! — je signerai sans lire !...

— Je ne suis pas le démon.

— Tant pis !...

— Je ne suis qu'un simple gentilhomme, mais

mon pouvoir est peut-être égal à celui de Satan lui-même.

— Eh bien, comme à Satan, je vous dis : — *Que voulez-vous de moi?...* — *Mon corps ou mon âme ?...*

— Votre corps, votre âme, votre volonté. J'ai besoin de tout cela.

— Prenez, — je ne m'appartiens plus, — je suis une chose à vous. — Commandez, j'obéirai.

— Vous êtes prête à tout?...

— Oui, à tout !...

— Vous ne reculerez devant rien?...

Carmen haussa dédaigneusement les épaules.

— Même s'il s'agissait...

Kerjean s'interrompit.

— D'un crime? — acheva Carmen. — Est-ce cela que vous voulez dire?...

— Oui, c'est cela.

— Eh bien, — et dussé-je me perdre en prononçant les paroles que vous allez entendre, — eh bien, oui, je suis prête au crime, si le crime est le seul chemin qui conduise à ce but que je veux atteindre. — Croyez-vous que je sois sincère, monsieur le baron, et pouvez-vous désormais douter de moi?...

— Ma confiance vous sera tout entière et sans

réserve acquise s'il vous est possible de remplir une condition suprême à laquelle j'attache, et vous le comprendrez sans peine, une importance capitale.

— Quelle est cette condition?

— En vous révélant mes projets, en vous initiant à mes secrets, en vous indiquant les chemins mysrieux dans lesquels nous allons marcher ensemble, je me livre à vous tout entier, — je me mets à votre discrétion... — je vous donne enfin les moyens de me perdre s'il vous semblait avoir plus tard un intérêt à le faire.

— Ne m'apprenez rien, — interrompit vivement Carmen, — gardez vos secrets. — Moi, j'ai confiance. — D'ailleurs je ne joue que ma vie après tout, — et c'est un enjeu qui ne vaut pas la peine d'être disputé... — Je consens à marcher en aveugle... — Je veux bien devenir dans vos mains une docile marionnette dont vous tiendrez les fils...

— Malheureusement, c'est impossible...

— Pourquoi?

— Je ne puis me servir de vous comme d'un instrument passif... — Il me faut votre intelligence... — Avant d'agir, vous devez tout savoir.

— Où voulez-vous en venir? — s'écria la gitana, — et que puis-je faire à cela?

— Vous pouvez me donner une arme contre vous, de même que vous en aurez une contre moi.

— Comment ?

— Jetez un regard sur votre passé... — peut-être y trouverez-vous sans peine les garanties que je vous demande...

Un éclat de rire vraiment diabolique fit scintiller les dents blanches de Carmen entre ses lèvres rouges.

— Ah ! monsieur le baron, — fit ensuite la jeune femme, — j'ose affirmer que vous ne croyez ni si bien dire... ni deviner si juste...

Moralès s'occupait à verser régulièrement dans son verre le contenu d'une vénérable bouteille de vin de Beaune auquel il rendait pleine justice.

La bouteille en ce moment s'échappa de ses mains et se brisa sur le plancher.

— Malheureuse !... — balbutia-t-il en se penchant vers sa sœur pour lui parler tout bas, — y songes-tu !! — Tu veux donc nous perdre !! — Au nom du grand saint Jacques de Compostelle... au nom des bonnes Notre-Dame del Pilar et d'Atocha, pas un mot de plus !... pas un mot !!

— Poltron ! — répliqua la gitane, — si la peur te galope, tu es le maître de partir d'ici et de m'abandonner toute seule à ma destinée, quelle qu'elle doive être!... je ne te retiens pas... — Quant à moi, mon parti est pris... — je suis décidée à jouer le tout pour le tout! — Quand bien même M. le baron serait le lieutenant de police en personne, je parlerais...

Moralès poussa un long gémissement. — Comme il ne conservait aucun espoir d'ébranler la résolution de sa sœur, il décoiffa une nouvelle bouteille, — il appliqua le goulot à ses lèvres et il la vida tout d'une haleine, — pour s'étourdir sans doute.

Kerjean, très surpris et très intrigué, attendait avec impatience la fin de ce petit débat entre le frère et la sœur.

— Au moins, ne me compromets pas trop... — soupira le gitano en reposant la bouteille vide sur la table.

Carmen se tourna vers le gentilhomme.

— Ah! vous voulez des armes contre moi, monsieur le baron, — dit-elle avec le plus charmant regard et le plus doux sourire. — Eh bien, je vais vous en fournir tout un arsenal dans lequel vous pourrez puiser au besoin!... — Regardez-moi bien, je vous prie...

Kerjean s'inclina devant elle.

Carmen poursuivit :

— Que croyez-vous que je sois, s'il vous plaît?...

— La plus délicieuse créature du monde entier ! — répondit le baron avec galanterie, — une gitane dont la grâce et la distinction me charment et m'étonnent... — Est-ce que je me trompe?...

— Je suis la femme d'un gentilhomme, d'un officier de marine, dont la famille vous est connue sans doute, le chevalier Tancrède de Najac... — Je me suis remariée sous un faux nom, du vivant de mon premier mari, avec l'héritier d'une fortune de quatorze millions, Olivier Levaillant, du Havre, et enfin je viens d'être condamnée à mort, il y a trois mois environ, par le présidial de Nantes, pour crimes de bigamie et de meurtre... — A l'heure qu'il est, monsieur le baron, il ne resterait de votre servante qu'un hideux squelette tristement pendu à la corde d'un gibet, si je n'avais trouvé moyen, grâce aux bons offices d'un pauvre diable d'Indien fort sottement épris de moi, d'échapper aux prisons de Nantes avec mon excellent frère Moralès, le fidèle compagnon de mes aventures... — En peu de mots... comme vous voyez... je viens de vous mettre au fait du sommaire de mon odyssée... — Cette odyssée renferme des garanties qui doivent vous sembler de premier ordre pour ma discrétion à venir et mon dévouement absolu à l'œuvre commune que nous allons entreprendre... — Vous plaît-il que j'entre dans quelques détails?...

— Cela me sera fort agréable, je l'avoue, — répondit Kerjean, dont l'étonnement, ou plutôt la stupeur, grandissait à chaque parole de Carmen.

Pour la seconde fois, Moralès répéta d'une voix suppliante :

— Caramba ! caramba ! ma sœur, ne me compromets pas trop !...

— Je commence, — fit la gitane.

XXVI

ENTENTE CORDIALE

Le récit de la gitane au baron de Kerjean fut long. — Carmen avait beaucoup à dire. — Elle ne cacha rien. — Elle entra dans tous les détails de la plus complète, de la plus sincère des confessions. — Elle semblait trouver un plaisir étrange à raconter les drames émouvants dans lesquels, poussée par son ambition effrénée, elle avait joué un si terrible rôle.

Ces drames, les lecteurs des *Pantins de madame le diable* les connaissent déjà. — Ils ont fait l'objet d'un précédent ouvrage (1). — Il ne nous reste

(1) Voir *la Baladine* et *les Amours d'Olivier*.

qu'à remplir une courte lacune et à dire brièvement ce qu'étaient devenus Carmen et Moralès, depuis le moment où nous les avons abondonnés à eux-mêmes sur la route de Nantes au Havre, jusqu'à celui ou nous venons de les retrouver à Paris, pendant la soirée du mardi gras, dans le logis de la Goule.

Le frère et la sœur comptaient arriver au Havre avant que le bruit des événements, qui soudainement avaient fait changer de face le procès de Nantes, y fût parvenu.

Ils espéraient réussir à toucher tout ou partie des deux millions constitués en dot par Olivier à sa femme, et ils projetaient de s'enfuir ensuite vers Paris en emportant ces splendides épaves qui, à elles seules, constitueraient encore une fortune.

Ces belles espérances s'évanouirent avant même que Carmen et Moralès fussent parvenus au Havre... — Un petit nombre de lieues seulement les séparaient du but de leur voyage... — Ils venaient de s'arrêter dans une hôtellerie de village, afin d'y procurer à leur cheval et à eux-mêmes quelques heures d'un indispensable repos.

Tandis qu'ils prenaient mélancoliquement un repas frugal, ils assistèrent à une conversation qui

10.

les fit pâlir et frissonner, en leur démontrant la ruine irrémédiable de leurs projets d'avenir.

Un colporteur du Havre racontait dans la salle basse de l'auberge, à une douzaine d'auditeurs émerveillés, qu'on avait reçu le matin même la nouvelle de l'heureuse issue du procès d'Olivier Levaillant. — Le narrateur ajoutait que la ville tout entière était dans la joie, et que chacun applaudissait avec transport à la justification complète d'Olivier et à l'immédiate pendaison du frère et de la sœur.

Tout était perdu !... perdu sans ressources !...

Carmen et Moralès changèrent aussitôt leur itinéraire, et au lieu de poursuivre leur route du côté du Havre ils prirent le chemin de Paris.

Moralès, complètement démoralisé, se donnait au diable de grand cœur et cent fois par jour.

Carmen, plus courageuse, et soutenue d'ailleurs par cette vague et indéfinissable confiance en son étoile qui ne l'abandonnait jamais, ne se laissait point abattre.

A tous deux cependant les heures semblaient bien longues et la route bien triste.

Leur monture, épuisée de fatigue, ne put les porter jusqu'à la grande ville... — Un peu avant d'arriver à Nantes ils vendirent pour quinze écus le brave bidet breton volé dans une auberge, et ils continuèrent pédestrement le voyage, en se contentant de pain dur et d'eau claire, pour ménager leur maigre pécule.

— Comment vivrons-nous à Paris?...

Le frère et la sœur, avons-nous besoin de le dire, se posaient sans cesse cette question et ne trouvaient qu'un seul moyen de la résoudre... — Ce moyen était de reprendre la mandoline et le tambour de basque des mauvais jours, et de gagner le pain quotidien en chantant, comme jadis à la Havane, sur les places publiques et dans les tavernes.

Nos lecteurs doivent comprendre ce que souffrait la fière Carmen, l'orgueilleuse créature tombée de si haut, à cette pensée de redevenir une de ces baladines ambulantes que tout le monde méprise et raille, et que chacun a le droit d'insulter.

Mais, encore une fois, il fallait vivre, l'hésitation était impossible.

Le frère et la sœur, dès qu'ils eurent atteint Paris, employèrent donc leurs dernières ressources à l'acquisition de certains objets de première nécessité pour le métier qu'ils allaient reprendre, tels qu'un vieux costume de bohémienne pailleté et flétri, — une mandoline, — un tambourin, etc...

Moralès, en sa qualité d'hidalgo, acheta de plus une épée chez l'un des brocanteurs du quai de la Ferraille, — mais il eut la douleur de ne pouvoir trouver une seule brette aussi invraisemblablement longue que celle dont, autrefois, il ne se séparait jamais.

Une fois son équipement complet, la gitane se remit à chanter en public, non sans succès, et force menue monnaie de cuivre et d'argent tombait chaque jour en pluie dans sa sébile.

Par malheur, à ses vices si nombreux déjà, Moralès avait ajouté un vice nouveau. — Il était devenu joueur. — Il ne songeait plus, ainsi qu'au temps passé, à s'enrichir en entassant sou sur sou, écu sur écu. — Il rêvait une fortune immédiate, provenant de gains fabuleux; — en conséquence il s'emparait de l'argent gagné par sa sœur, — il courait le jouer... et il le perdait invariablement.

Carmen, insouciante de ces misérables sommes et les regards toujours fixés sur l'avenir inconnu dont elle s'efforçait de sonder les ténèbres, le laissait agir à sa guise.

Bien vite, cependant, la gitane se lassa de cette existence odieuse. — Elle résolut d'en finir avec la vie si quelque espérance positive ne venait ranimer sa force épuisée...

C'est alors qu'elle apporta chez la Goule ce dernier, cet unique écu, sur lequel Moralès comptait si fermement pour souper le soir du mardi gras, et ne point rester à jeun, alors que Paris tout entier faisait bombance.

Nous savons le reste.

Au moment où Carmen prononça les derniers mots de son récit, le crépuscule du matin succédait aux ténèbres, et des clartés faibles, pénétrant dans la chambre à travers les vitrages enchâssés dans le plomb, faisaient pâlir les lueurs vacillantes de la *chandelle* posée sur la table.

— Monsieur le baron, — dit la gitane après avoir achevée, — voici que les rôles sont intervertis...— Je ne sais rien de vous... j'ignore vos projets... je ne connais point l'avenir auquel vous me destinez, tandis qu'au contraire je suis pieds et poings liés à votre discrétion, et vous tenez ma vie entre vos mains... — Cette confiance dangereuse peut-être, imprudente à coup sûr, sera-t-elle récompensée ou punie?... — C'est à vous de me l'apprendre... — Qu'allez-vous faire de moi?...

— Une reine... — répondit Kerjean.

— Quoi !... toujours cette promesse !... cette royauté !... cette couronne !...

— Toujours, car la promesse est sérieuse et la royauté réelle ! — s'écria le gentilhomme. — Aussi vrai que je m'appelle le baron Luc de Kerjean, vous serez reine de la nuit.

— *Reine de la nuit...* — répéta Carmen.

— Oui.

— Je vous entends, mais je ne vous comprends pas... — Me permettez-vous, monsieur le baron, de vous demander une explication ?...

— Certes !... et cette explication, je vais vous la donner sur-le-champ... — Vous connaîtrez ensuite mes projets tout entiers, car je ne dois plus désormais avoir rien de caché pour vous !... — Avant trois jours, Carmen la gitane, Carmen, la femme du chevalier de Najac et de l'armateur du Havre, Carmen, la condamnée de Nantes n'existera plus... — Avant trois jours, vous vous nommerez Jane, et vous serez la fille unique du duc et de la duchesse de Simeuse... — Avant un mois vous deviendrez baronne de Kerjean... — Avant un an, vous serez reine !... — Ce magique avenir que vous a prédit la Goule, le voilà... — C'est moi qui vous le donnerai.

— Il me semble que je rêve ! — balbutia la gitane éblouie.

— Non, vous ne rêvez pas... ou du moins vous commencez un rêve éblouissant qui n'aura point de réveil...

— Eh bien, je ne veux plus douter... je veux croire... Mais soutenez ma raison qui chancelle !... Apprenez-moi comment s'accompliront de tels prodiges...

— Écoutez-moi donc... — dit le baron.

§

Une heure environ après ce moment, un carrosse de louage s'arrêta dans la ruelle de l'Estouffade, en face la porte de derrière du Logis-Rouge.

M. de Kerjean quitta la voiture, et frappa trois coups, d'une façon particulière, contre cette porte qui ne tarda guère à lui être ouverte par le grand nègre que nous connaissons déjà.

Luc lui donna l'ordre d'aller prévenir sa maîtresse de son arrivée, et lui enjoignit d'ajouter qu'il n'arrivait pas seul.

En effet, dès que le nègre eut tourné les talons, M. de Kerjean fit un signe, — après toutefois s'être assuré que la ruelle était parfaitement déserte, — et deux personnages, cachés jusqu'alors au fond du carrosse, descendirent à leur tour et suivirent le baron dans l'intérieur du Logis-Rouge, dont la porte se referma sur eux.

Ces deux personnages, — avons-nous besoin de le dire? — étaient Carmen et Moralès... — La gitane cachait son visage sous un voile épais... — Moralès portait un bandeau qui lui couvrait à demi les yeux, mais sans lui donner la moindre ressemblance avec le petit dieu Amour.

Luc et ses nouveaux alliés gravirent l'escalier en colimaçon qui conduisait à l'étage supérieur, et tous trois franchirent le seuil de la vaste salle où Périne donnait ses audiences et se livrait à ses travaux d'alchimie et de cabale.

La Goule portait son costume habituel et son masque de centenaire.

— Eh bien? — demanda-t-elle à Kerjean.

— Pendant quelques heures, — répondit ce dernier — j'ai dû croire que mon étoile pâlissait et que le diable était contre nous !... — Il m'a fallu risquer ma vie, cette nuit, pour empêcher l'écroulement de tout l'édifice... — mais enfin j'ai réussi...

— Complètement?...

— Autant qu'il était possible de le désirer...

Le gentilhomme s'approcha de Carmen. — Il souleva le voile qui tombait sur sa figure et, la prenant ensuite par la main, il ajouta en s'adressant à Périne :

— Je vous présente mademoiselle Jane de Simeuse, la future baronne de Kerjean...

— Mon enfant, — dit alors Périne à la gitane, — si je n'étais si vieille et si laide, si vous n'étiez si jeune et si belle, je vous demanderais de venir m'embrasser... mais pourquoi rapprocher mes rides de centenaire des roses de vos joues?... — L'hiver en toute sa rigueur n'a pas le droit de flétrir, sous son haleine glaciale, les plus douces fleurs du printemps !...

Après une pause, la Goule ajouta

— Vous devez voir maintenant déjà que la prophétesse n'avait point menti... Voici que ses prédictions commencent à se réaliser...

— Eh ! madame, — répondit Carmen, — si je suis venue à vous, c'est que j'avais la foi... — Je ne sais quelle voix intérieure me criait qu'en entrant ici j'en remporterais l'espérance...

La Goule se tourna vers le baron et prononça avec un accent interrogatif ces deux mots :

— Et maintenant ?...

— *Jane, ma fiancée,* — répondit Kerjean qui souligna pour ainsi dire ses paroles en les prononçant — ne doit sortir du Logis-Rouge que pour entrer à l'hôtel de Simeuse. — Donnez-lui donc une chambre digne de la recevoir, et que cette chambre soit mise à sa disposition sur-le-champ, car la pauvre enfant doit être brisée de fatigue et accablée de sommeil après la nuit qu'elle vient de passer...

— Mademoiselle de Simeuse veut-elle me suivre ? — fit la Goule avec une expression parfaitement jouée de déférence et de respect. — Je vais la loger de mon mieux, et, si ce mieux n'est pas tout à fait bien, je solliciterai son indulgence qu'elle ne me refusera point, je l'espère.

Carmen sortit de la grande salle avec Périne qui l'introduisit dans une merveilleuse pièce tapissée et meublée d'une façon si riche et si luxueuse que la richesse et le luxe du pavillon des Levaillant, sur la colline d'Ingouville, se trouvaient dépassés de beaucoup.

Un lit d'ébène et d'ivoire à colonnes torses, aux pentes de lampas oriental, occupait un des côtés de cette chambre.

En face du lit se voyait une toilette-duchesse

dont l'aiguière, les flacons et tous les autres ustensiles étaient de vermeil.

— Vous êtes ici chez vous, mademoiselle, — dit la Goule. — Permettez-moi de vous laisser seule et de vous souhaiter un bon sommeil.

Périne ajouta, en désignant une clochette d'argent placée sur une petite table à côté du lit :

— Je vais attacher à votre service une jeune suivante pleine d'intelligence et de zèle... — Elle se tiendra sans cesse dans la pièce voisine, afin de se rendre à vos ordres au premier appel de cette clochette.

Puis la Goule se retira après une très humble et très profonde révérence.

—Allons, — se dit la gitane restée seule, — décidément le rêve prend des allures de réalité !...

XXVII

L'ÉLIXIR DE SOMMEIL

Au moment où Périne et Carmen quittaient la grande salle, Moralès se laissa tomber dans le fauteuil immense que la Goule occupait habituellement, et croisant ses jambes l'une sur l'autre avec une désinvolture toute cavalière, s'écria d'un ton dégagé :

— Par Notre-Dame del Pilar, j'ose espérer, cher baron, que vous n'allez pas me négliger !... — Quoique je sois jeune encore et vigoureux autant qu'homme du monde, je ne saurais vous dissimuler que je ressens quelque lassitude... — Que voulez-vous ?... on n'est point de fer caramba !...

— Soyez tranquille, don Gusman, — répondit

Luc en riant. — Aussitôt que l'installation de votre sœur sera terminée, je vous ferai donner une chambre où vous serez à merveille...

— Cher baron, — reprit Moralès, — faites en sorte, je vous prie, que je sois bien couché... — J'y tiens plus que je ne saurais le dire... — Mon lit d'Ingouville était une véritable montagne de plumes et de duvet... J'enfonçais là dedans comme dans un nuage... — Aussi je dormais quatorze heures, toutes les nuits, sur la même oreille...

— Vous aurez un excellent lit.

— J'ajouterai qu'il me serait particulièrement agréable de trouver dans ma chambre quelques flacons de vin d'Espagne... Alicante, Xerès ou Malaga, peu m'importe... je n'ai nulle préférence...
— Pourvu qu'il soit parfait, c'est tout ce qu'il me faut !...

— Vous trouverez le vin d'Espagne...

— Ne vous semble-t-il pas, comme à moi, — continua le gitano, — que ce costume, élégant jadis et d'une coupe très galante, est maintenant un peu délabré ?...

— Sans aucun doute. — Aussi soyez sûr qu'à votre réveil vous verrez auprès du lit des vêtements neufs qui vous feront honneur...

— Une question encore...

— Faites.

— Quelles sont les heures des repas dans ce logis, s'il vous plaît ?

— On dîne à midi, et l'on soupe à neuf heures du soir.

— La table est-elle bonne ?

— Je crois que vous en serez content...

— Voilà qui va bien, caramba !... et la situation se dessine... — Il ne nous reste plus, je crois, qu'à régler ce petit compte...

— De quel compte parlez-vous, don Gusman ?...

— Eh ! vous le savez bien, cher baron, — je parle des cinquante livres à moi promises cette nuit par vous...

— C'est trop juste. — Voici dix louis...

— Vous dites ?... — balbutia Moralès stupéfait.

— Je dis deux cent quarante livres, pour argent de poche, en attendant mieux...

Luc tendit les pièces d'or au gitano qui, après les avoir fait disparaître dans sa poche, saisit la main de Kerjean et la serra avec une affectueuse vivacité, en s'écriant :

— Foi d'hidalgo, cher baron, vous avez toute mon estime... et tenez pour certain que je ne la

prodigue point au premier venu... — Vos façons d'agir m'ont captivé tout d'abord irrésistiblement...
— Je crois que nous nous entendrons à merveille...

La Goule, en rentrant dans la grande salle, coupa court aux expansions de Moralès. — Elle conduisit le gitano dans une petite chambre moins luxueuse que celle de Carmen, mais cependant très convenable... — elle lui fit apporter le vin d'Espagne qu'il convoitait ; puis, le laissant libre de boire ou de dormir, elle vint rejoindre le baron.

— Ainsi, — lui demanda-t-elle, — la ressemblance de la gitane et de Jane de Simeuse te semble toujours réelle et frappante ?...

— Si frappante et si prodigieuse, — répondit Luc, — que l'œil de la duchesse y sera trompé comme le mien...

— Et tu crois cette bohémienne assez intelligente pour bien jouer le rôle si difficile que nous lui réservons ?...

— Son intelligence, ma chère Périne, égale la tienne... — C'est tout dire !...

— Soit, je veux te croire... — Mais pouvons-nous compter sur cette Carmen ?...

— Entièrement et aveuglément, j'en réponds...

— Jusqu'au jour, peut-être, où elle se persuadera qu'il est de son intérêt de nous trahir...

— Ce jour ne viendra pas. — La gitane nous appartient corps et âme... — Elle n'a plus dans la vie d'autres intérêts que les nôtres... — elle se perdrait infailliblement en désertant une cause qui désormais est devenue la sienne...

En quelques mots le baron raconta les faits principaux de la confession de Carmen.

— Tu avais raison... — dit la Goule lorsqu'elle eut écouté. — Me voici comme toi... j'ai confiance... Maintenant, quand veux-tu agir?

— Le plus tôt possible... — A quoi bon d'inutiles retards? Combien te faut-il de temps pour préparer l'élixir dont nous avons parlé?...

— Il me faut douze heures... — Je te le remettrai ce soir, au besoin...

— Eh bien, une fois cet élixir entre mes mains, il ne me restera qu'à combiner, sur le terrain même, mon plan d'action définitif, ce que d'ailleurs j'ai déjà commencé... — Le hasard seul pourra me fournir ensuite l'occasion favorable pour frapper le grand coup... — Cependant, si ce hasard tardait trop, je saurais le forcer à naître... — Mais j'y songe... N'existe-t-il aucun moyen d'introduire

Carmen en plein jour, pendant une heure, à l'hôtel de Simeuse, et de la mettre face à face avec Jane et la duchesse?

Périne regarda Luc d'un air d'étonnement profond.

— Deviens-tu fou? — lui demanda-t-elle ensuite.
— Dans quel but cette demande insensée?
— Dans le but de doubler la confiance, et par conséquent l'habileté de Carmen, en lui prouvant à elle-même cette ressemblance inouïe qui rend notre partie gagnée d'avance... — Ce n'est pas tout... — Ne serait-il pas utile, indispensable même, que la gitane connût de vue la duchesse que dans deux jours peut-être elle appellera sa mère, qu'elle se familiarisât avec l'intérieur de cette maison qui sera la sienne, qu'elle pût étudier enfin et graver dans sa mémoire les attitudes de Jane, les inflexions de sa voix, les détails de sa coiffure et de ses ajustements?... — Dis-moi, si tu veux, que cette démarche est impossible, mais ne me dis pas qu'elle est insensée!...

La Goule ne répondit pas d'abord... — Tandis que Luc parlait, elle s'était laissée tomber dans le fauteuil voisin de la table d'ébène qui occupait le milieu de la grande salle... — elle avait appuyé ses coudes sur la table et plongé son visage dans ses deux mains ouvertes.

Pendant plusieurs minutes elle garda cette attitude et sembla réfléchir profondément.

Enfin elle releva la tête.

— C'est toi qui étais dans le vrai... — dit-elle, — et j'avais tort... — Il faut en effet qu'avant l'heure décisive la gitane connaisse Jane et la duchesse... il faut qu'elle franchisse en plein jour le seuil de l'hôtel Simeuse...

— Certes, il le faudrait!... mais le moyen?...

— Il existe... — je l'ai trouvé...

— Je brûle de le connaître...

— Et je vais te satisfaire... — Tu verras la duchesse aujourd'hui, n'est-ce pas?...

— Comme hier et comme demain, je passerai la journée auprès d'elle et auprès de Jane...

— Eh bien, préviens madame de Simeuse qu'une pauvre femme que tu protèges, fort honnête personne au fond, quoique marchande à la toilette, demande à se présenter à l'hôtel avec ton patronage pour y étaler sous les yeux de la mère et de la fille tout un assortiment de belles étoffes des Indes, de Turquie, de Perse et d'Afrique... — Ajoute que la vieille marchande sera sans doute accompagnée d'une Mauresque algérienne portant son costume national et ne sachant pas un mot de français...

— Je commence à comprendre... — La vieille marchande, ce sera toi.

— Et la Mauresque sera Carmen, — continua Périne. — Tu sais quel est le costume des femmes d'Alger hors de leur maison, et tu n'ignores pas qu'une pièce d'étoffe blanche, percée de deux trous à la place des yeux, protège leur visage contre tout regard profane.

— De telle sorte, — s'écria Luc, — que la gitane pourra voir sans être vue ! — Bravo, ma chère... ton idée est merveilleuse !...

— Il me paraît certain, — poursuivit la Goule, — que madame de Simeuse accueillera favorablement ta requête... — Ce soir, d'ailleurs, tu me tiendras au courant de ce qui aura été décidé à cet égard, et je me mettrai en mesure pour demain...

— C'est convenu. — A ce soir donc...

— A ce soir.

La journée se passa sans amener d'incidents qui méritent de trouver place en ce récit.

Au moment où sonnaient dix heures, M. de Kerjean frappait à la porte de la Goule. — Périne l'attendait avec impatience, — elle était seule dans la grande salle.

— Eh bien? — lui demanda-t-elle.

— J'ai parlé de ma vieille protégée, *fort honnête personne, quoique marchande à la toilette...* — répondit Luc avec un sourire.

— Et ta demande a été bien reçue?...

— Elle ne pouvait l'être autrement. — Jane a poussé des cris de joie et frappé dans ses mains comme une enfant... — La duchesse m'a dit qu'il suffisait d'être recommandé par moi pour avoir à son intérêt les meilleurs droits du monde... — Bref, la mère et la fille t'attendront demain à deux heures, et je suis bien convaincu que la curiosité et la coquetterie empêcheront mademoiselle de Simeuse de fermer l'œil cette nuit.

— Qu'importe?... — murmura la Goule avec une expression railleuse et presque sinistre. — Elle aura le temps de dormir plus tard !...

Luc ne se méprit point au véritable sens de ces mots. — Nous n'en voulons d'autre preuve que la question qu'il adressa immédiatement à sa complice, et qui semblait la conséquence inévitable des paroles qu'elle venait de prononcer.

— L'élixir est-il préparé? — lui demanda-t-il.

Périne tourna les yeux vers la pendule de Boulle placée sur la haute cheminée, au milieu d'objets bizarres et fantastiques.

— Il s'achève... — répondit-elle. — Dans cinq minutes, la dernière seconde de la douzième heure sera écoulée.

En même temps elle se leva, et se dirigea vers ce cabinet vitré construit dans la grande salle et qui servait de laboratoire.

Luc la suivit.

Lorsque Périne fit jouer sur ses charnières la porte composée de plaques de verre enchâssées dans les rainures des baguettes d'acier, une vapeur épaisse de charbon, saturée de parfums étranges et violents, s'échappa du laboratoire et contraignit les deux complices à reculer; — mais cette vapeur se dissipa presque aussitôt, et la Goule franchit hardiment le seuil, tandis que Luc, moins familiarisé avec les émanations quasi mortelles des creusets et des cornues, restait de quelques pas en arrière.

Sur un petit fourneau de briques bourré jusqu'à la gueule de charbons ardents se trouvait un alambic lilliputien, fait du plus précieux de tous les métaux, le platine.

Un tuyau de verre, du diamètre d'une plume de

corbeau, soudé au bec de cet alambic, communiquait avec une cornue de cristal grosse comme un œuf. — Au fond de cette cornue on voyait quelques gouttes d'une liqueur si transparente et d'une couleur pourprée si chatoyante, qu'on eût dit des rubis en fusion.

Périne éteignit le fourneau en le privant d'air; — elle souleva, à l'aide d'une forte pince d'argent, l'alambic de platine; — elle dégagea la cornue, et fouillant dans un coffret qui renfermait des objets de toute sorte, elle prit un flacon de la plus petite dimension qu'il fût possible d'imaginer. — Il était en cristal de roche et se fermait avec un bouchon d'or.

La liqueur rouge contenue dans la cornue suffit pour le remplir. — Chaque goutte (et il y en avait huit ou dix) produisait en tombant un bruit métallique.

Périne vissa avec une précision extrême et un soin minutieux le bouchon d'or. — Elle présenta ensuite le flacon à Luc en lui disant :

— Mon cher baron, voilà ta fortune...

— Merci, — répondit le gentilhomme; — mais ce n'est pas tout... — Maintenant que j'ai l'arme, apprends-moi comment je dois m'en servir...

— Rien n'est plus simple... Souviens-toi que l'effet ne se produit que six heures après le moment où l'élixir est absorbé... — Souviens-toi que cette liqueur puissante ne change en rien ni le goût ni la couleur du breuvage auquel on la mélange... — Souviens-toi que trois gouttes amènent à leur suite trois heures d'un sommeil léthargique qu'aucun bruit, qu'aucune secousse ne pourraient interrompre... — Souviens-toi que six gouttes prolongent ce sommeil pendant une nuit entière... — Souviens-toi que dix gouttes enfin (et ce flacon n'en contient pas plus), c'est la mort !...

— La mort ! — répéta Kerjean.

— Mon Dieu, oui, mon cher baron !... — C'est à toi de compter les gouttes...

XXVIII

LEILA

Le lendemain, vers deux heures de l'après-midi, la duchesse, Jane et Luc se trouvaient réunis dans le petit salon de l'hôtel Simeuse où nous avons conduit nos lecteurs au début de ce récit.

Un valet vint annoncer que deux femmes, dont l'une bizarrement vêtue, descendaient d'un carrosse de louage, se recommandant de M. le baron de Kerjean, et demandaient à être admises en présence de madame la duchesse.

— Ce sont mes protégées, — dit Luc, — celles-là mêmes dont, hier, j'avais l'honneur de vous parler...

Madame de Simeuse donna l'ordre de les introduire sur-le-champ.

Au bout de quelques minutes Périne et Carmen firent leur entrée. — La Goule ne portait point son masque de centenaire... elle se montrait à visage découvert, et Luc admira sincèrement l'art merveilleux déployé par elle pour rendre ce visage méconnaissable. — La maîtresse du Logis-Rouge, admirablement grimée, semblait une femme de soixante ans au moins, et le baron, s'il n'eût été prévenu à l'avance, aurait pu se trouver pendant une heure en face d'elle sans la reconnaître et sans la deviner.

Son costume, parfaitement approprié au rôle de *madame la Ressource* qu'elle allait jouer, se composait de vieux vêtements passés de mode qui réunissaient les formes et les couleurs les plus disparates dans un pêle-mêle réjouissant à l'œil.

Le déguisement mauresque de la gitane était de la plus scrupuleuse exactitude.

Un grand voile de soie d'un bleu pâle, rayé d'argent, l'entourait depuis le sommet de la tête jusqu'aux pieds; — une bande de toile blanche, attachée derrière la tête sur le voile bleu, et retombant par devant jusqu'à terre, cachait absolument les traits. — Deux trous pratiqués à la hauteur des yeux permettaient de voir et de respirer à travers ce *rou-bend* ou *lien de visage*. — Sous le voile bleu, appelé *tchaler*, Carmen portait un ample pantalon de soie blanche contenant les jupes et s'arrêtant à la cheville. — Ses jolis pieds étaient chaussés de mignonnes babouches de velours bleu brodé d'or.

En apercevant Jane, — en voyant cette ressemblance si prodigieuse qu'il lui sembla que sa propre image s'offrait à elle, reflétée dans une haute glace, — Carmen tressaillit.

Luc remarqua ce tressaillement et il en comprit la cause.

Derrière Périne et la gitane venaient deux valets à la livrée de Simeuse, portant un grand coffre de bois de cèdre, incrusté de nacre et d'ivoire.

La Goule ouvrit ce coffre. Elle en tira toutes sortes d'admirables étoffes dont les couleurs vives et chatoyantes semblaient refléter le ciel lumineux de l'Orient : — des tissus lamés d'or et d'argent, — des écharpes brodées de soie et de perles, — des parfums d'une étrange et enivrante suavité, — des bijoux d'une forme bizarre...

Puis, avec la volubilité de langage et la profusion de gestes d'une marchande à la toilette émérite, elle défila l'interminable litanie des beautés de premier ordre et des mérites innombrables des objets apportés par elle.

La duchesse et Jane souriaient à cette éloquence mercantile. — Kerjean se disait :

— Cette femme est bien forte! plus forte que je ne le croyais!... — Me préserve mon étoile de l'avoir jamais pour ennemie!...

Pendant ce temps les yeux de la gitane s'attachaient sur mademoiselle de Simeuse avec une fixité en quelque sorte magnétique.

Jane admira tout et fit des choix nombreux. — La somme consacrée à ses acquisitions atteignit un chiffre élevé.

La duchesse sortit du petit salon pour aller chercher de l'or, afin de solder les emplettes de sa fille.

— Madame, — demanda Jane à Périne, — cette Mauresque algérienne qui vous accompagne est-elle jeune?

— Elle a dix-huit ans à peine, mademoiselle... — répondit la Goule.

— Comment se trouve-t-elle à Paris, si loin de son pays natal et de sa famille?...

— Hélas! mademoiselle, la pauvre enfant n'a pas de famille...

— Orpheline !! — s'écria Jane d'un ton plein de compassion

— Mon Dieu, oui... — Son père, un négociant d'Alger, avait mis sa fortune entière sur un navire qu'il commandait lui-même... — Ce navire, dans une tempête, fit naufrage et périt corps et biens... — Leïla (c'est le nom de la jeune Mauresque) se trouva donc, d'une heure à l'autre, orpheline et sans ressources... — on allait même la vendre dans un marché, comme esclave, pour acquitter avec le prix de son corps quelques dettes de son père... — Mon correspondant, touché de compassion, résolut de l'arracher à cette horrible destinée... — Il l'embarqua sur un vaisseau français et me l'envoya... — Elle est auprès de moi depuis plusieurs semaines... — Elle paraît douce et soumise... — Peu à peu elle s'habituera à nos usages, elle apprendra notre langue, et j'espère bien qu'un jour elle deviendra capable de m'aider dans mon commerce...

— Pauvre Leïla !! — murmura Jane.

— Elle serait heureuse, mademoiselle, — reprit la Goule, — si elle pouvait comprendre que vous daignez vous intéresser à elle...

— Est-elle jolie? — demanda la fille des Simeuse.

— Belle comme les anges, ou belle comme vous...

— Vous devez avoir un moyen de communiquer avec elle...

— Sans doute, mademoiselle... — Je lui parle par gestes, et elle devine avec une admirable intelligence ce que je veux lui dire.

— Faites-lui donc comprendre, je vous prie, que je désire voir son visage...

La Goule secoua la tête.

— Il est inutile de lui demander cela... — fit-elle.

— Pourquoi donc ?

— Vous ne sauriez obtenir qu'elle détache son voile... — j'en ai la certitude... — A vos prières, à vos instances, elle opposerait un inébranlable refus... — Vous êtes chrétienne, mademoiselle, et sa religion lui défend de découvrir sa figure devant des chrétiens... — Moi-même je n'ai pu la voir que par surprise, à son insu, et pendant son sommeil...

— Quelle est la religion de Leïla ?

— Celle de ses ancêtres... — elle suit la loi de Mahomet.

— Que je la plains ! ! — s'écria Jane chaleureusement. — Mais, quand elle pourra vous écouter et vous entendre, vous éclairerez son âme, vous ouvrirez ses yeux, n'est-ce pas, madame?... — vous lui révèlerez les splendeurs de la seule religion vraie et sublime?... — vous ferez d'elle une chrétienne?...

— Je tâcherai, du moins... — répliqua Périne, — je ne négligerai rien pour cela.

Mademoiselle de Simeuse s'approcha de la prétendue Mauresque et, quoique ayant la conviction qu'elle allait lui parler un langage inintelligible, elle lui dit :

— Leïla, pauvre orpheline, je prierai pour vous... — Je demanderai au Dieu des chrétiens de vous rendre bonne et de vous rendre heureuse... — Je vous ferai tout le bien qu'il sera en mon pouvoir de vous faire, — mon intérêt vous suivra partout. — Dès ce moment je veux vous placer sous l'égide du plus puissant de tous les protecteurs, et je vais vous marquer d'un signe visible afin que, voyant ce signe, Dieu se souvienne que vous êtes à lui.

En parlant ainsi, Jane de Simeuse détacha une petite croix d'or que retenait autour de son cou une chaîne du même métal et, prenant l'une des mains que la gitane cachait à demi sous son long voile, elle se prépara à nouer la chaîne au poignet, comme un bracelet auquel la croix resterait suspendue.

Au contact, si doux cependant, de la main de Jane, Carmen frissonna de tout son corps.

Elle repoussa avec une terreur indicible le bijou qui lui était offert, et elle recula vivement de deux ou trois pas.

— Mon Dieu ! — balbutia la jeune fille en se tournant vers Périne pour l'interroger, — que signifie cela ? Qu'a-t-elle donc ? Elle m'épouvante !!

— Mademoiselle, — répondit la Goule en s'efforçant de dissimuler son embarras, — rien n'est plus simple que ce qui vient de se passer... — Leïla, je vous le répète, est musulmane. Elle n'ignore point que la croix est le symbole d'une religion abhorrée par elle et par les siens. — Elle a reculé en frémissant devant le signe du salut, comme une chrétienne reculerait devant un attouchement impie et sacrilège... — Voilà la vérité..

— C'est juste... — murmura Jane en baissant la tête, avec une profonde tristesse, — Mahomet fut l'ennemi du Christ.

Et elle ajouta tout bas :

— Pauvre enfant, que Dieu l'éclaire ! — Moi, je ne saurais la revoir tant que ses yeux ne se seront point ouverts ! ! — La pensée de cette âme païenne me fait mal et me fait peur... — Je veillerai sur Leïla, cependant, mais de loin.

En ce moment la duchesse rentra dans le petit salon et la note de la fausse marchande à la toilette fut payée.

Rien ne retenait plus désormais à l'hôtel Simeuse Périne et Carmen. — Toutes deux rejoignirent, avec le grand coffre de cèdre à moitié vide, le carrosse de louage qui les avait amenées.

La gitane, en sortant du salon, lança au baron un regard expressif dont lui seul put comprendre le sens.

— Savez-vous, Carmen, — s'écria Périne dès que la voiture se fut ébranlée, — savez-vous que, sans ma présence d'esprit, nous ne serions sorties qu'à grand'peine de la situation fausse et périlleuse dans laquelle vous nous avez jetées tout à l'heure? — Quel vertige s'était donc emparé de vous? — Quelle mouche vous avait soudainement piquée? — Pourquoi enfin repousser avec un effroi si manifeste le présent de Jane de Simeuse?...

— Eh! que fallait-il faire? — demanda la gitane. — Qu'eussiez-vous fait à ma place?

— Étrange question! — Il fallait accepter la chaîne et la croix, tout simplement, et saluer ensuite mademoiselle de Simeuse à l'orientale, en manière d'actions de grâces... — Il me semble que cela n'était ni bien difficile, ni bien pénible.

— Accepter ! — répéta Carmen. — Est-ce que, vous qui parlez, vous en auriez eu le courage ?

— Oui, certes ! et pourquoi non ?

— Dans ce cas, votre âme est trempée plus vigoureusement encore que la mienne ! — Rien ne m'effraye, rien ne m'arrête, je l'ai prouvé plus d'une fois, — et cependant j'ai reculé devant le baiser de Judas qu'il me fallait donner à cette douce et belle jeune fille dont je vais prendre la place et la vie ! — Mon cœur, que je croyais si bien mort et pétrifié depuis si longtemps, a tressailli tout à l'heure en écoutant cette enfant, qui a mon visage et ma forme, murmurer d'angéliques paroles de compassion et de charité ! — Vous pouvez railler ma faiblesse, madame ; mais, je l'avoue avec un étonnement profond, une larme furtive a coulé de mes yeux...

— Faiblesse touchante en effet ! — dit la Goule d'une voix ironique.

Puis elle ajouta, d'un ton presque menaçant :

— Est-ce bien la condamnée de Nantes que je viens d'entendre ? — Est-ce bien cette gitane dont

le baron de Kerjean m'a vanté l'inflexible audace ?
— Je ne vous retrouve plus, Carmen, et ma confiance en vous fait place au doute et à l'inquiétude... — Parlez-moi franchement, du moins... — montrez-moi ce qui se passe dans votre âme... — Hésitez-vous ?... — reculez-vous ?

— Non ! cent fois non ! — répondit vivement Carmen, — plus que jamais je suis prête à tout ! — Vous savez quel est le but de ma vie ? — J'irai droit à ce but !... je briserai sans pitié les obstacles sur mon passage !...

— Et, — reprit Périne, — en agissant ainsi vous agirez sagement... — Vous avez notre secret, donc vous nous appartenez tout entière ! — donc vous êtes à nous corps et âme ! vous devez nous servir comme nous vous servirons ! — La route que vous suivez n'a que deux issues, ne l'oubliez pas : — le sommet des grandeurs que vous atteindrez, grâce à nous, — où le gibet de Nantes auquel nous rendrons sa proie si vous songez à nous trahir !...

— Pas de menaces, madame ! — interrompit la gitane avec hauteur, — je ne crains ni vous, ni personne ! — Rien ne peut effrayer celle qui ne tient point à vivre ! — Je servirai fidèlement la cause commune parce que, travaillant pour vous, je travaillerai surtout pour moi ! — Mais si une chose au monde pouvait briser le lien qui nous unit, cette chose serait la menace !

— Vous êtes fière !... — murmura Périne.

— Ne m'avez-vous pas dit que je devais être reine ? — répliqua la gitane. — Je m'étudie à jouer ce grand rôle, et la fierté sied bien aux reines !

Le carrosse de louage arrivait en ce moment dans la ruelle de l'Estouffade.

La Goule et Carmen en descendirent et rentrèrent au Logis-Rouge par une porte de derrière.

XXIX

LE SOUPER

Nos lecteurs se souviennent sans doute qu'à la suite d'un entretien auquel nous les avons fait assister il avait été convenu entre le duc et le baron de Kerjean que ce dernier, pendant toute la durée du mois néfaste, consacrerait ses journées entières aux habitants de l'hôtel de Simeuse, et qu'il ne reprendrait sa liberté que le soir, à l'heure où l'œil d'une mère et celui de Dieu pouvaient seuls veiller sur Jane endormie.

Ceci indique suffisamment, nous le croyons, que chaque jour Luc de Kerjean s'asseyait à la table du duc et de la duchesse.

Au dix-huitième siècle, les heures des repas n'étaient point les mêmes qu'à notre époque. — On dînait à midi, — on soupait à huit heures du soir.

Nous allons franchir le seuil de la salle à manger des Simeuse pendant le souper de famille, le lendemain du jour où Périne et Carmen, patronnées par le gentilhomme breton, avaient eu l'audace de se présenter à l'hôtel.

Cette salle à manger, contiguë au grand salon de réception, était une pièce magnifique dont les trois fenêtres prenaient jour sur le jardin. — Rien ne pouvait surpasser la richesse et le bon goût de sa décoration et de son ameublement. — D'admirables tableaux de nature morte, signés : *David de Heem* et *Wœnix*, s'encadraient dans les boiseries blanches à rinceaux dorés, dont les sculptures reproduisaient avec un art exquis les attributs variés de l'agriculture, de la pêche, du jardinage et de la gastronomie. — D'immenses dressoirs d'un précieux travail étalaient les trésors d'une orfèvrerie tout à la fois élégante et massive, et les couleurs éclatantes des plus belles porcelaines de Saxe, de Chine et du Japon, tranchaient vivement sur les nuances sombres du vieux chêne.

12.

Au-dessus de la table carrée, à pieds tordus, recouverte d'une nappe frisonne damassée et armoriée, un lustre hollandais répandait les clartés de ses quarante-huit bougies. — Deux candélabres se faisant face aux deux bouts de la table achevaient d'illuminer *a giorno* la vaste salle.

Dans l'habitude de la vie M. de Simeuse aimait à bannir de ses repas tout appareil de cérémonial. — Il voulait conserver le précieux privilège de parler librement et à cœur ouvert, sans être gêné par la présence importune d'une livrée nombreuse. — En conséquence, un seul valet de chambre, vieux serviteur parfaitement sûr et d'une discrétion à toute épreuve, suffisait au service de la table.

Le dévouement si bien prouvé du baron de Kerjean lui donnait le droit d'être considéré et traité comme un membre de la famille.

En conséquence, sa présence aux repas ne modifiait en aucune façon les us et coutumes de l'hôtel, et le valet de chambre Ambroise restait chargé de sa besogne habituelle.

Luc se trouvait placé, à table, entre Jane et la duchesse. — Dans cette situation il faisait preuve à chaque instant du tact le plus parfait et du savoir-vivre d'un gentilhomme accompli.

Ses attentions constantes pour madame de Simeuse étaient marquées au coin du respect infini d'un sujet pour une reine, et de la vénération sans bornes d'un croyant pour une sainte.

Le baron, lorsqu'il s'occupait de Jane, savait donner à son visage et à ses paroles une expression de tendresse toute paternelle, et c'est à peine si, de loin en loin, un soupir contenu à grand'peine, une larme furtive bien vite essuyée, venaient déceler le véritable état de son âme et trahir la grandeur du sacrifice si noblement, si généreusement accepté.

Rien de tout cela n'échappait à M. de Simeuse, et nous n'oserions prendre sur nous d'affirmer que parfois il n'éprouvait pas quelques regrets de ne pouvoir se donner un gendre si parfait.

Neuf heures du soir sonnaient à l'horloge flamande placée, entre deux énormes potiches japonaises, sur le manteau blasonné de la cheminée haute et large dans laquelle se consumaient des souches énormes.

Le souper touchait à sa fin. — Ambroise venait de se retirer après avoir placé sur la table le dessert, les vins d'Espagne, les liqueurs des Îles et le café, ce breuvage vraiment divin qui, malgré la prédiction si cruellement dédaigneuse de madame de Sévigné, était devenu depuis longtemps déjà le complément indispensable de tout repas bien servi.

M. de Simeuse choisit, entre plusieurs autres, un flacon en cristal de Venise, constellé d'étoiles d'or et plein d'un liquide d'une chaude et splendide couleur de topaze brûlée.

— Ceci, — dit-il en élevant le flacon de manière à le placer entre ses yeux et les lueurs éclatantes du lustre, — ceci est le diamant des caves de l'hôtel...
— L'origine de ce vin d'Alicante est historique... — Sa Majesté le roi Louis XIV daigna, lors de la naissance de mon père, donner l'ordre d'en envoyer un baril chez mon grand-père pour les relevailles de la duchesse. — On n'en a bu, depuis lors, que dans des occasions solennelles, et cependant c'est à peine s'il reste encore quelques bouteilles de ce cadeau précieux du plus grand roi du monde. — Tendez-moi votre verre, Blanche... et toi aussi, ma mignonne Jane... — tendez-moi le vôtre, mon cher baron... — Nous allons, s'il vous plaît, avec ce vin royal, en fidèles sujets que nous sommes, porter la santé du roi...

Les trois verres vénitiens, en forme de tulipe, s'avancèrent à la fois vers M. de Simeuse.

Il remplit à demi ceux de la duchesse et de Jane ; il remplit jusqu'aux bords celui du baron et le sien, — puis, avec le pieux respect du grand seigneur qui se sait un des plus fermes soutiens de la monarchie, et qui pense s'honorer lui-même en l'honorant, il se leva, comme on se lève au moment de prononcer une prière.

Luc de Kerjean suivit son exemple.

Déjà le duc entr'ouvrait les lèvres pour souhaiter longue vie et prospérité au roi Louis XV. — Mais il n'eut pas le temps de prononcer la formule consacrée en pareil cas.

Un incident bizarre et inexplicable lui coupa la parole et fit pousser un cri d'étonnement et de frayeur à la mère et à la fille.

Une clarté fulgurante, blanche et éblouissante autant que celle d'un éclair, illumina pendant deux ou trois secondes les ténèbres du jardin. — Une pluie d'étincelles sembla jaillir de terre, comme si quelque fissure soudaine vomissait des feux souterrains, et enfin une détonation retentit, terrible, déchirante, comparable en un mot au fracas de dix pièces d'artillerie tirant toutes ensemble.

— Que se passe-t-il ? — que veut dire ceci ? —

s'écria le duc, non sans inquiétude, en s'élançant vers l'une des fenêtres.

Madame de Simeuse et Jane le suivirent, émues et tremblantes.

Pendant la vingtième partie d'une seconde Luc de Kerjean resta en arrière. — Quand il rejoignit le duc et les deux femmes dans l'embrasure profonde d'où les regards pouvaient plonger sur le jardin, une pâleur étrange et livide couvrait son visage, et ses yeux brillaient d'un feu sombre.

La main du gentilhomme venait d'accomplir sans trembler l'acte infâme conçu et préparé avec une si diabolique adresse.

Le flacon donné par la Goule était presque vide...

La moitié de la liqueur rouge, — effrayant élixir de sommeil ou de mort, — avait coulé dans le verre de Jane de Simeuse...

— Monsieur le duc, — demanda Kerjean d'une voix ferme, où nul trouble ne se décelait, — trouvez-vous la clef de ce mystère?...

— Non, en vérité... — répondit M. de Simeuse, — je ne vois rien... — Le silence et l'obscurité sont redevenus profonds et complets... — Le bruit et la clarté qui nous ont frappés tout à l'heure restent inexplicables... — Si nous étions en juillet, je croirais que la foudre est tombée près de nous ; mais, au mois de février, une telle supposition serait absurde... L'atmosphère est pure, d'ailleurs, et les étoiles brillent au ciel... — Ce qui se passe tient du prodige...

— Mon Dieu... — balbutia la duchesse en serrant Jane contre son cœur par un geste éperdu, — mon Dieu... si le danger mystérieux qui plane sur notre maison se manifestait ainsi !...

— Permettez-moi de n'en rien croire, madame la duchesse, — répliqua respectueusement le baron. — Il n'est guère de prodiges apparents qui n'aient une cause naturelle... — Je vais, si vous le trouvez bon, chercher la cause de celui-ci...

Sans attendre la réponse de madame de Simeuse, Kerjean sortit de la salle à manger.

Il trouva l'antichambre pleine de valets fort agités et fort perplexes. — Il leur donna l'ordre de le suivre en portant des flambeaux, et il se mit en devoir d'explorer avec eux les différentes parties du jardin.

Le duc, la duchesse et Jane, toujours groupés auprès de la fenêtre, regardaient avec un sentiment de curiosité avide les lueurs incertaines des falots courant sous les arbres dépouillés de feuilles et décrivant d'innombrables et bizarres méandres sur les pelouses et les quinconces.

Enfin toutes les lumières se dirigèrent vers un même point, formèrent un groupe flamboyant, et au bout d'un instant reprirent ensemble le chemin de l'hôtel.

Au moment où le gentilhomme breton rentra dans la salle à manger, son absence avait duré dix minutes à peine. — Il tenait à la main un objet d'apparence singulière.. -

— Eh bien, cher baron?... — s'écria M. de Simeuse.

— Eh bien, monsieur le duc, — répondit-il, — une fois de plus se confirme la profonde vérité du vieil adage : *Cherchez et vous trouverez !*... J'ai cherché.. j'ai trouvé... — Je vous apporte le mot de l'énigme.

— Et ce mot?...

— Le voici... .

En même temps Kerjean présentait à M. de Simeuse et à la duchesse l'objet d'apparence étrange qu'il tenait à la main.

C'était une baguette longue et flexible, servant de tige à un tube de carton goudronné, d'un diamètre presque égal à celui de ces petit canons qu'on appelle des fauconneaux. — Ce tube, béant, noirci, crevé en plusieurs endroits, exhalait une odeur de soufre et de salpêtre.

— Qu'est-ce donc que cela? — demanda le duc qui ne se rendait pas bien compte de ce qu'il avait sous les yeux.

— Tout simplement une pièce d'artifice... une fusée de dimension peu commune, partie de fort loin d'ici, sans doute, et tombée par hasard dans vos jardins... — Rien de plus vulgaire, vous le voyez, que le prétendu phénomène, et rien de moins alarmant...

Après une explication si claire et si concluante, il ne restait qu'à sourire d'un instant de terreur involontaire, facile à comprendre d'ailleurs, dans la situation exceptionnelle où se trouvaient nos personnages.

Les quatre convives se remirent à table.

— Et maintenant, — dit le duc, — maintenant que grâce à la présence d'esprit et à l'obligeance infatigable du baron, toute inquiétude est dissipée, nous allons reprendre la santé interrompue du roi Louis XV, notre glorieux monarque, que Dieu veuille nous conserver longtemps...

Les verres dans lesquels étincelait le vin d'Alicante furent soulevés d'un mouvement unanime.

Quand ils reprirent leur place sur la nappe, ils étaient vides.

Kerjean s'assura qu'il ne restait pas une seule goutte au fond de celui de Jane, puis ses yeux se tournèrent vers l'horloge placée en face de lui.

— Neuf heures et quart... — se dit-il, — à trois heures et demie, cette nuit, il sera temps d'agir...

Le souper s'acheva sans amener un seul incident qui mérite de trouver place en ce récit.

A dix heures, M. de Kerjean prit congé des Simeuse et se retira comme de coutume.

Il alla droit au Logis-Rouge où la Goule l'attendait avec impatience, en compagnie de Moralès et de Carmen.

La première parole du baron, en pénétrant dans la grande salle, fut celle-ci :

— Tout va bien !... c'est pour cette nuit...

— Pour cette nuit... — répéta Carmen avec un tremblement nerveux qu'il lui fut impossible de réprimer.

— Est-ce que vous avez peur? — s'écria Luc d'un ton ironique.

—- Je vous préviens qu'il est trop tard pour re-

culer... — dit la Goule avec l'accent de la menace.
— Vous ne vous appartenez plus...

La gitane haussa dédaigneusement les épaules.

— Ah! que vous me connaissez mal tous les deux!! — répliqua-t-elle ensuite. — Je n'ai pas peur, — je n'ai jamais peur! — et je ne songe guère à reculer! mais ne comprenez-vous point que mon âme soit troublée et fasse trembler mon corps au moment où va se jouer le premier coup d'une partie dont toute ma vie est l'enjeu?... — La pythonisse antique n'hésitait pas plus que moi lorsqu'elle se penchait vers l'abîme afin d'interroger le formidable oracle, et cependant la pythonisse frémissait!... — La chair palpite, mais l'esprit est fort! — Oh! soyez sans crainte, baron de Kerjean, quand l'instant d'agir sera venu, j'agirai hardiment... Quand l'heure décisive sonnera, je ne tremblerai plus!...

— Elle a raison... — murmura Luc, — je crois en elle... j'ai confiance.

— Merci... — fit simplement Carmen.

— Que s'est-il passé ce soir? — demanda la Goule alors. — Donne-nous des détails... — j'ai hâte de tout savoir...

— Ce *tout* est peu de chose et sera bientôt dit...

Kerjean raconta en quelques mots à ses auditeurs ce que nous venons de raconter nous-même.

Quand il en arriva à l'effet produit par les gerbes de lumière et par l'explosion de la fusée, Moralès se frotta les mains et prit la physionomie d'un triomphateur.

— Ah! caramba! — s'écria-t-il, — ce fut une idée vraiment sublime que celle de ce bon gros pétard si bien inventé pour détourner l'attention et donner à ce cher baron le temps de verser son élixir!... Certes, mon noble ami Kerjean est un homme de génie... mais je crois aussi, pour ma part, avoir droit à quelques éloges... — Ce n'était point une petite affaire, savez-vous, de lancer le brûlot par-dessus le mur de la rue Clovis, juste au bon endroit et, sans vanité, j'imagine que pour mon coup d'essai j'ai fait un coup de maître...

— Personne ne songe à contester votre mérite, don Gusman, — répondit Luc en souriant, — et tenez pour certain que nous saurons le récompenser...

— Par Notre-Dame d'Atocha, j'y compte bien... — murmura le gitano entre ses dents.

— Cependant, — reprit le baron, — je commençais à ressentir quelque inquiétude... — le souper touchait à sa fin et la fusée ne brillait que par son absence... — Dix minutes de plus, il eût été trop tard... — Votre Seigneurie risquait fort de tout compromettre...

— Eh ! caramba ! je le savais bien... — répliqua Moralès, — mais je n'y pouvais rien... — Dès huit heures j'étais à mon poste, dans la rue Clovis... — seulement, pour opérer, il me fallait un instant de solitude, et les passants s'entêtaient à passer toujours... — Aussitôt que la minute favorable s'est présentée j'ai saisi, comme on dit, l'occasion aux cheveux, et j'ai mis le feu à la mèche avec le bout de ma cigarette...

Kerjean fit un signe d'approbation et se tourna vers la Goule.

— Je suppose que de ton côté tout est près?... — lui demanda-t-il.

— Et tu as raison de le supposer... Tout est prêt... — répliqua la maîtresse du Logis-Rouge.

— Les échelles?

— Légères et solides à la fois, et se démontant en plusieurs morceaux, ce qui les rend facilement transportables...

— La chaise à porteurs?

— Dans la salle du rez-de-chaussée.

— Les livrées?

— Sur les bâtons de la chaise.

— Le costume de Carmen?...

— Exactement semblable à celui que portait hier mademoiselle de Simeuse.

— A merveille... — Il ne me reste donc plus qu'à prévenir mes hommes, et je vais m'en occuper à l'instant.

Luc s'enveloppa de son manteau, qu'il avait jeté sur un siège en entrant, et reprit son chapeau qu'il enfonça sur ses yeux.

— Quand reviendras-tu? — demanda la Goule.

— Vers deux heures du matin, je pense, et j'entrerai par la ruelle de l'Estouffade et par la porte dont j'ai la clef.

— Seras-tu seul?

— Non... mes hommes m'accompagneront.

— Dans ce cas, tu trouveras de la lumière au rez-de-chaussée où tu laisseras ton monde; — il me semble tout à fait inutile d'apprendre à ces bandits que tu les mènes au Logis-Rouge.

— Précaution fort sage, et qu'à ton défaut ma prudence seule m'aurait dictée... — Au revoir et à cette nuit, Périne... — A cette nuit, ma belle fiancée...

Luc prit la main de Carmen. — Il approcha cette main de ses lèvres d'une façon toute galante, puis il sortit du logis de la Goule.

Nous allons le suivre.

XXX

DE ONZE HEURES DU SOIR À UNE HEURE DU MATIN

Vers le milieu de la rue de l'Arbre-Sec existait, à l'époque où se passaient les faits que nous racontons, une sorte de petit cabaret borgne d'une apparence toute particulière.

Ce cabaret, — situé au cœur de Paris, — était cependant une façon d'établissement *champêtre*. — Expliquons-nous. — Tout le monde a vu sur les bords de la Seine, à Bercy, à la Rapée, à Suresnes, etc., ces guinguettes précédées d'un enclos garni de tonnelles, où les bons bourgeois de Paris viennent savourer, le dimanche et le lundi, des matelotes et des fritures arrosées par des flotsde petit vin violet d'Argenteuil. — Eh bien, le cabaret

cabaret de la rue de l'Arbre-Sec avait, à peu de chose près, l'aspect des guinguettes en question.

Un étroit jardin précédait la maisonnette couverte en chaume. — Dans ce jardinet se voyaient les classiques tonnelles, avec leurs tables de bois brut et leurs escabelles de sapin. — Au-dessus de la porte de l'enclos, sur une planche formant demi-cercle, se lisaient ces mots : *A la Renommée des bons goujons du Pont-Neuf.*

Le maître de l'établissement était tout à la fois pêcheur et cabaretier. — Propriétaire d'un *bachot* amarré juste à l'endroit où se trouvent aujourd'hui *les Bains des Fleurs*, il servait à ses clients les poissons pris dans ses filets. — Le brave homme se nommait Gorju et, quoique son passé fût douteux, sa réputation n'était point mauvaise. — Il faisait en été d'assez bonnes affaires, mais pendant la saison froide il avait parfois grand'peine à joindre les deux bouts.

L'intérieur de la maisonnette de Gorju se divisait en trois compartiments : — une salle qui pouvait contenir une trentaine de buveurs ; un cabinet beaucoup plus petit, destiné à abriter des consommateurs en partie fine ; et enfin la cuisine de l'établissement.

A cent pas environ du Logis-Rouge, Luc de Kerjean trouva son fidèle serviteur Malô auquel il avait donné la consigne de l'attendre en cet endroit. — Le valet ne portait point, ce soir-là, la livrée de son maître.

Tous deux prirent le chemin de la rue de l'Arbre-Sec, — ils arrivèrent promptement en face du cabaret de Gorju. — Le baron ouvrit la porte à claire-voie et pénétra dans le jardin obscur et désert. — Les vitres crasseuses de la maisonnette brillaient faiblement au bout du petit enclos.

Luc s'arrêta.

— Va, — dit-il à Malô.

Le valet, renseigné d'avance, ne fit aucune question et franchit le seuil du cabaret. — Au bout d'une minute il ressortit.

— Eh bien ? — demanda le gentilhomme.

— L'homme est là, monsieur le baron, — répondit Malô.

— Que fait-il ?

— Il boit et il fume.

— Seul, ou en compagnie ?

— Je le crois seul. — Cinq ou six autres buveurs sont attablés non loin de lui, mais il ne paraît pas les connaître...

— Tu as fait signe à Gorju?

— Oui, monsieur le baron. — Il va placer une lampe dans la petite salle et ouvrir la porte de derrière.

— C'est bien.

— Quels ordres monsieur le baron me donne-t-il?

— Entre dans le cabaret, et bois pour te réchauffer car la nuit est diablement fraîche... — Voici un écu... mais ne te grise sous aucun prétexte... — J'aurai sérieusement besoin de toi tout à l'heure...

— Oh! monsieur le baron peut être tranquille...

Luc fit le tour de la maisonnette, poussa une porte très étroite et se trouva dans le cabinet contigu à la salle commune. — Le maître du logis l'attendait dans l'attitude la plus humblement respectueuse, et son bonnet de laine à la main.

Le baron répondit à son salut par un signe protecteur et s'approcha d'une sorte de judas qui permettait de voir ce qui se passait dans la pièce voisine.

— Gorju, — fit-il ensuite, en désignant au cabaretier le buveur solitaire, — prévenez cet homme que quelqu'un désire lui parler ici sans témoins...

— A l'instant même... J'y cours.

— Attendez... — L'homme en question doit craindre les traquenards de la police, et votre demande l'inquiéterait peut-être... Montrez-lui cet anneau... — il vous suivra sans crainte.

Luc tendit au cabaretier la bague de fer que nous connaissons, et dont le chaton portait une torche gravée en creux.

— Vous mettrez ensuite sur cette table un flacon d'eau-de-vie et un verre, — continua le baron, — et vous vous retirerez...

Gorju ouvrit la porte de communication et sortit avec la bague.

Au bout de moins d'une minute un grand gaillard de vilaine mine, qui n'était autre que notre ancienne connaissance le lieutenant Baudrille, fit son entrée d'un air fort digne.

Le manteau de Luc montait presque jusqu'à ses yeux; — son chapeau rabattu plongeait dans l'ombre le haut de son visage. — Il était impossible de distinguer un seul de ses traits.

— C'est vous, monsieur, qui désirez vous entretenir avec moi?... — demanda Baudrille en saluant cavalièrement.

— Moi-même, — répondit Luc.

— De la part de maître David, sans doute?...

— De la part de maître David... en effet...

— Me voici tout à vos ordres... c'est-à-dire à ceux de maître David. — Depuis trois jours, fidèle aux instructions données par lui, je ne bouge pas de ce cabaret, où, cependant, je m'ennuie à périr ; — et je me tiens jour et nuit à sa disposition. — Je compte que vous en témoignerez.

En ce moment Gorju reparut, le flacon d'eau-de-vie à la main. — Il posa ce flacon sur la table à côté d'un gobelet d'étain, il restitua la bague à Luc, et il s'éclipsa discrètement.

— Nous voici seuls, — nous pouvons causer, — dit alors le baron ; — causons donc, lieutenant Baudrille.

En même temps il se débarrassa du manteau qui cachait son riche et élégant costume de gentilhomme, et il ôta son chapeau, se montrant ainsi en pleine lumière.

Le bandit, debout devant lui, le regardait avec une curiosité pleine d'étonnement, et ce sentiment complexe se peignait d'une façon si claire sur sa figure dévastée, que Luc ne put s'empêcher de sourire, et qu'il s'écria :

— Ah çà! décidément, vous ne me reconnaissez donc pas?

— Non, Dieu me damne ! mon gentilhomme...
— Vos traits, néanmoins, ne me sont pas tout à fait inconnus, mais je ne sais pourquoi... — Vous ressemblez à maître David... oui, ma foi, vous lui ressemblez, quoiqu'il ait au moins quinze ou vingt ans de plus que vous, quoiqu'il ne soit qu'un bourgeois et que vous paraissiez un seigneur. — Voyons, tirez-moi d'embarras.... votre brillant costume, après tout, peut n'être qu'un déguisement.
— Êtes-vous le parent de maître David?... êtes-vous son fils?

— Je suis mieux que cela, lieutenant Baudrille...
— Comment l'entendez-vous?
— Je suis maître David lui-même.
— Ceci est une raillerie sans doute.
— En aucune façon... — Je suis maître David ou plutôt maître David n'existe pas, et son personnage n'est qu'une des mille et une individualités que je revêts chaque jour à mon gré. Faut-il, pour vous en donner la preuve sans réplique, vous rapporter les moindres détails de notre aventure de l'autre nuit dans les *caves du bon compère,* et vous répéter les dernières paroles prononcées par moi à la porte de l'hôtellerie du *Compagnon de Saint Antoine?*... — Allons, lieutenant, ne doutez plus, car

c'est aujourd'hui seulement que je vous apparais sous ma forme réelle.

— Alors, — balbutia Baudrille, — Dieu me damne ! vous êtes donc le diable ?...

— Non, mais je suis le chef suprême des Compagnons de la torche. — Je suis l'homme qui tient dans sa main votre fortune, et je viens vous demander si vous voulez que j'ouvre cette main pour laisser la fortune tomber dans la vôtre.

— Ouvrez, ouvrez, mon gentilhomme ! — s'écria le bandit. — Je suis tout prêt à recevoir, et des deux mains encore...

— Je le comprends ; mais, avant de recevoir, il faut gagner.

— C'est bien ainsi que je l'entends... — Eh, parbleu ! je comprends à merveille que dans le monde on n'a rien pour rien ; aussi, moi, je suis prêt à tout... — Vous me connaissez d'ailleurs ; vous savez que l'épée est bonne, le poignet solide et le jarret leste...

— Oui, — oui, — je sais que vous êtes brave... mais ce n'est pas seulement de votre bravoure que j'ai besoin, pour le présent et pour l'avenir...

— Et de quoi donc encore, s'il vous plaît ?

— De votre obéissance passive, de votre discrétion absolue, enfin, et pour tout dire en un mot, de votre dévouement.

— Et moyennant l'obéissance, la discrétion et le dévouement, vous ferez ma fortune?

— Foi de gentilhomme ! Que diriez-vous de trois mille livres par an ?

— Je dirais que c'est l'opulence des sultans les plus asiatiques !

— Eh bien, je vous offre ces trois mille livres.

— A ce prix-là, je deviendrai tout ce qu'on voudra, même un honnête homme s'il le faut... — Vous pouvez compter sur moi, monseigneur... — Je vous appartiens corps et âme, pour le présent et pour l'avenir...

— C'est bien... — j'y compte... — Vous recevrez cette nuit même un important acompte sur vos trois mille livres annuelles.

— Il sera le très bien venu...— Mon gentilhomme, que faut-il faire pour empocher l'acompte ?

Kerjean répondit à cette demande par une question.

— Avez-vous sous la main, — dit-il, — un homme sûr, un gaillard dont vous puissiez répondre?

— J'en ai vingt, tous coquins éprouvés, et de l'honneur desquels je me porte garant... de fameux compagnons, allez, et qui ne marchandent point leur sang à qui le leur achète et le paye un bon prix... — Vous les faut-il tous les vingt, mon gentilhomme?

— Un seul me suffira cette nuit.

— Alors nous prendrons Coquelicot.

— Va pour Coquelicot... — Savez-vous où le rencontrer en ce moment?

— Quelle heure est-il, s'il vous plaît ?

Le baron regarda sa montre.

— Onze heures et demie, — répondit-il ensuite.

— En ce cas, il y a cent contre un à parier que je vais dénicher Coquelicot dans son Louvre, c'est-à-dire sous la première arche du pont Notre-Dame. — C'est un garçon de mœurs pures, très régulier dans ses habitudes, et qui rentre généralement chez lui vers onze heures...

Luc reprit, sans témoigner la moindre surprise de ce renseignement bizarre :

— Allez donc quérir au plus vite ce bon compagnon, — et arrangez-vous de manière à vous trouver tous deux, à une heure précise du matin, au bout de la rue de l'Hirondelle, près de l'église de Notre-Dame des Sept-Douleurs... — Vous m'attendrez là.

— C'est convenu, mon gentilhomme... — Avez-vous d'autres ordres à me donner?..,

— Aucun.

— *Sufficit!*

Baudrille salua militairement et se dirigea vers la porte du cabinet; mais, au moment d'atteindre cette porte, il s'arrêta et se retourna.

— A propos, — murmura-t-il, — j'oubliais...

— Quoi donc?

— Deux choses. — D'abord, de boire à votre santé, car cette bouteille vénérable n'a point été placée sans intention, j'imagine.

Le lieutenant décoiffa le flacon d'eau-de-vie, se versa une pleine rasade, l'avala d'un trait et reprit :

— En second lieu, de vous demander s'il y aura cette nuit des coups à donner ou à recevoir.

— Je ne le crois pas. — Cependant vous comprenez, lieutenant Baudrille, qu'on ne sait jamais bien positivement ces choses-là d'avance.

— C'est trop juste... — Enfin, à tout hasard, de quelles armes faudra-t-il nous munir?

— De vos épées tout simplement.

Baudrille remplit et vida pour la seconde fois le gobelet d'étain, salua de nouveau et sortit de la petite pièce, puis du cabaret. — Au bout de quelques minutes on put entendre ses talons ferrés retentir sur le pavé de la rue.

Luc frappa deux petits coups contre la vitre du judas dont nous avons parlé.

Gorju accourut.

Le baron lui mit une pièce d'or dans la main, en disant :

— Je pars... — Prévenez mon valet afin qu'il me rejoigne dans le jardin.

Le cabaretier s'empressa d'obéir. — Malo ne se fit point attendre, et le maître et le serviteur prirent ensemble le chemin du quai Saint-Paul.

Une heure du matin venait de sonner à l'horloge de la vieille église de Notre-Dame des Sept-Douleurs au moment où le baron, que Malo suivait comme son ombre, descendit de cheval à l'extrémité de la rue de l'Hirondelle et jeta la bride de sa monture aux mains d'un petit laquais qui s'éloigna aussitôt.

M. de Kerjean fit quelques pas et s'arrêta en face du porche, dont il sonda du regard les ténébreuses profondeurs. — Deux figures humaines, qui semblaient rivaliser d'immobilité et de roideur avec les saints de pierre debout dans leurs niches depuis trois ou quatre siècles, manifestèrent alors leur présence et descendirent les marches de granit.

Luc reconnut le lieutenant Baudrille.

— Fidèle à la consigne, vous le voyez, mon gentilhomme ! — dit le spadassin. —. Nous sommes là depuis dix minutes... — J'ai l'honneur de vous présenter mon frère d'armes Coquelicot... un bon... un solide... un autre moi-même... — Salue, Coquelicot...

Le frère d'armes de Baudrille se décoiffa d'un feutre immense en piteux état, qui avait pu être à la mode sous le roi Louis XIII, du temps des raffinés.

C'était un homme de haute taille, aussi maigre que Moralès lui-même, et dont le costume offrait de notables analogies avec celui de quelques-uns des personnages les plus déguenillés de Callot... — une longue épée battait ses jarrets nerveux.

— Mon gentilhomme, — murmura-t-il d'une voix rauque, — le lieutenant ne vous a dit que la vérité... — Je me propose de vous démontrer, *toutes fois et quantes*, que je ne boude point à la besogne, et que les personnes qui s'adressent à moi font bien de m'honorer de leur confiance...

— Gibier de potence !... — pensa Luc. — Voilà cependant la fleur de mes sujets...

Puis, tout haut, il ajouta : — Suivez-moi...

Et il se remit en marche, à la tête de la petite escouade, composée de Malô, de Baudrille et de Coquelicot.

XXXI

COMMENCEMENT D'EXÉCUTION

Au lieu de continuer à suivre la rue de l'Hirondelle, le baron s'engagea dans la ruelle de l'Estouffade et ne s'arrêta que devant la petite porte qu'il ouvrit avec la clef dont il était porteur. — La maison de Périne n'avait point, du côté de la ruelle, une physionomie particulière, et les deux bandits ne pouvaient deviner que Luc les introduisait au Logis-Rouge.

Une lampe était placée sur la dernière marche de l'escalier. — Kerjean prit cette lampe et fit entrer ses compagnons dans une salle basse et voûtée où se trouvaient les échelles démontées, la chaise à porteurs et les livrées.

Ces livrées, extrêmement simples et de couleurs ternes, affectaient la forme et la nuance de celles que revêtaient habituellement les grisons, valets de confiance spécialement employés par les seigneurs pour leurs aventures galantes. — Elles étaient destinées à Malo et à Coquelicot qui devaient jouer le rôle de porteurs de chaise.

Tandis que les deux hommes changeaient de vêtements, Kerjean quitta la salle basse et monta au premier étage. — Carmen, Moralès et la Goule étaient assis aux mêmes places où il les avait laissés.

A la vue de la gitana, le baron ne put retenir une exclamation d'étonnement. — Voici pourquoi :

— Carmen, revêtue d'un costume exactement pareil à celui de Jane de Simeuse, et coiffée comme la jeune fille, offrait avec cette dernière une ressemblance tellement frappante que M. de Kerjean se demanda malgré lui s'il ne se trouvait point dupe de quelque étrange hallucination, ou si ce n'était pas Jane elle-même qu'il avait sous les yeux...

— Qu'en dis-tu ? — s'écria la Goule.

— Je dis que pour nous donner chance de réussite, il fallait que la nature accomplît un prodige, — répliqua le gentilhomme, — et, grâce au hasard, le prodige est plus complet encore que je ne le croyais... — Je dis enfin que le succès est aussi certain que la beauté de Carmen est éclatante, et que, quand bien même ma vie dépendrait de ce succès, je n'aurais pas une inquiétude.

Carmen répondit par un sourire.

— Et moi, cher baron, comment me trouvez-vous? — s'écria fièrement Moralès en se levant et en se plaçant bien en évidence devant Luc.

— Tout à fait superbe, assurément ! — fit ce dernier en s'efforçant de conserver son sérieux. — Pardieu ! que vous avez bonne mine !... — Ah ! don Gusman, je ne vous reconnais presque plus ! !...

Moralès mit son poing droit sur sa hanche, et pirouetta en frisant de la main gauche sa moustache.

— Caramba !... — reprit-il, — cher baron, je vous déclare homme de goût et fin connaisseur ! — L'habit ne fait pas le moine, mais le plumage embellit l'oiseau... — Mon physique naturellement distingué gagne plus de cent pour cent à se voir habillé de façon correcte et selon mon rang !....

Véritablement le gitano éblouissait. — Sur une veste de satin blanc, brodée d'argent, il portait un habit de velours vert brodé d'or. — Sa culotte était

de taffetas gris ; — ses bas de soie, d'un rose pâle.
— Sur ses souliers à talons rouges brillaient de larges boucles d'or, enrichies de faux diamants, — enfin une petite épée de bal, à la garde constellée de cailloux du Rhin, complétait dignement sa tenue de gala.

— Certes, — reprit Luc de Kerjean, — vous réalisez le parfait idéal du cavalier le plus accompli, personne au monde n'oserait le nier, — mais toute chose vient en son temps... — vous m'obligerez fort en allant au plus vite opérer une nouvelle métamorphose et échanger ce costume de cour contre les vêtements les plus simples que votre nouvelle garde-robe pourra vous fournir...

— Eh ! caramba ! mon très bon, mais pourquoi donc cela, je vous prie ?...

— Mordieu ! — s'écria le baron, — croyez-vous que notre expédition de cette nuit soit un rendez-vous de danse ou d'amour ?... — Suivez l'exemple que je vous donne !...

Luc entr'ouvrit son manteau de manière à montrer qu'il était, de la tête aux pieds, vêtu de noir.

— Allez ! — ajouta-t-il, — allez vite, et revenez plus vite encore !...

Cela fut dit d'un ton qui ne souffrait pas de réplique. — Moralès le comprit et s'éclipsa. — Quand il reparut, au bout de quelques minutes, le brillant papillon avait repris l'humble apparence d'une chrysalide. — Kerjean fit un geste d'approbation. — Le gitano soupira, — il regrettait le satin, le velours et les broderies d'or et d'argent.

Périne prit dans un tiroir une petite boîte carrée qu'elle posa sur la table devant Luc en disant :

— Voilà ce que tu m'as demandé.

Le baron ouvrit la boîte. — Elle était divisée en deux compartiments, — l'un contenait une tige d'acier terminée par un diamant taillé en pointe, le second renfermait une boule de poix.

Moralès se pencha pour regarder.

— Tiens ! — s'écria-t-il naïvement. — C'est tout juste ce qu'il nous faut pour trouer sans bruit une vitre... — Avec ces petits instruments-là, on entre dans la première maison venue comme chez soi... — Oh ! ça me connaît...

Malgré le cynisme qu'elle affichait assez volontiers, Carmen rougit jusqu'au blanc des yeux en entendant l'aveu, dépouillé d'artifice, qu'une distraction arrachait à son frère.

— Je m'en doutais... — murmura Luc. — Il me paraît, mon cher don Gusman, — ajouta-t-il, — que l'effraction vous est familière...

— Ai-je dit cela? — demanda le gitano d'un air étonné.

— Mais, à peu près...

— Eh bien, je ne m'en dédis pas... — Que voulez-vous, mes dignes amis... il se rencontre parfois dans la vie des situations difficiles, et ma foi, caramba! l'on en sort comme on peut... — il n'y a point de sots métiers, je vous l'affirme... il n'y a que de sottes gens!...

— Ah! que voilà qui est bien dit, don Gusman!! — répliqua Luc.

Deux heures sonnèrent.

— Il est temps de partir, — fit le baron en quittant son siège, — il y a loin d'ici à la rue Clovis, et nous marcherons lentement. — Périne, où est le masque de Carmen?...

— Le voici, — répondit la Goule en présentant un loup de velours à la jeune femme qui déjà s'enveloppait dans une mante à capuchon.

— Bonne chance, — poursuivit la maîtresse du Logis-Rouge; — je ne me coucherai point cette nuit, baron... j'attendrai ton retour... et je te jure que je compterai non seulement les heures, mais les minutes et les secondes...

Elle attira vers elle Carmen, l'embrassa sur le front, et lui dit d'un ton prophétique :

— Au revoir, Jane de Simeuse!...

La gitane attacha le masque sur son visage, et, s'appuyant au bras de Moralès, suivit Kerjean qui s'engageait dans l'escalier en colimaçon conduisant au rez-de-chaussée.

Tout était prêt dans la salle basse. — Malô et Coquelicot, revêtus de leurs livrées de grison, sommeillaient assis sur un banc. — Baudrille, l'épée à la main, tirait au mur pour se réchauffer.

Carmen s'installa dans la chaise.—Les échelles démontées furent placées en équilibre sur les bâtons des porteurs, et couvertes d'une sorte de housse qui devait les dérober aux regards dans le cas peu probable où, à une telle heure et par cette froide température, on rencontrerait quelque indiscret.

Kerjean ouvrit la porte de la rue ; — Malô et Coquelicot soulevèrent leur fardeau et se mirent en marche, sous l'escorte du baron, de Baudrille et de Moralès. — Malô portait en outre une lanterne sourde soigneusement fermée et ne laissant s'échapper aucun rayon.

La nuit était magnifique, — une gelée assez forte séchait les rues habituellement humides et boueuses, — la lune ne brillait point au ciel, mais des étoiles innombrables, d'autant plus scintillantes que le froid était plus vif, rendaient les ténèbres transparentes.

Paris ressemblait à une ville morte ou à une cité déserte, — pas un être vivant ne troublait par sa présence les nocturnes solitudes, — voleurs et soldats du guet, également frileux, dormaient, ceux-là dans leurs repaires et ceux-ci dans leurs postes.

Les pas de la petite troupe éveillaient seuls les échos de Lutèce endormie. — Malô et Coquelicot marchaient aussi vite que le leur permettait un poids que ni l'un ni l'autre n'avaient l'habitude de sentir peser sur leurs épaules : le gitano, le lieutenant et le baron suivaient en s'enveloppant de leur mieux dans les plis amples de leurs manteaux. Le gentilhomme et ses compagnons n'échangeaient d'ailleurs aucune parole.

La petite troupe longea les quais, traversa les ponts, s'engagea dans les rues étroites et montueuses du quartier latin, gravit la montagne Sainte-Élisabeth et, au moment où trois heures du matin sonnaient à la prochaine église, s'arrêta au pied de la haute muraille qui soutenait les jardins de l'hôtel Simeuse.

Malô et Coquelicot déposèrent sur le pavé la chaise à porteurs, et secouèrent leurs épaules endolories.

— Écoutez la consigne ! — leur dit le baron, — elle est de haute importance.

Ils s'approchèrent l'un et l'autre, avec une attention respectueuse.

— Toi, Malô, — reprit Kerjean, — tu vas te poster à cinquante pas d'ici, à l'angle de la rue des Fossés-Saint-Victor, tu crieras : *Au large!* à quiconque voudrait s'engager dans la rue Clovis, et tu mettras au besoin l'épée à la main pour faire respecter cette injonction...

— Ce sera fait en conscience... — répondit le valet.

— Vous, Coquelicot, — continua Luc, — vous allez prendre position, également à une distance de cinquante pas, dans la rue Clovis...

— Et je vous garantis, mon gentilhomme, — interrompit le bandit, — que personne ne passera sans ma permission... Comptez là-dessus !...

— J'y compte... — Mais, comme il faut tout prévoir afin de n'être jamais pris au dépourvu, si vous

vous trouviez avoir affaire à trop forte partie, à une ronde de police, par exemple (ce que je regarde d'ailleurs comme tout à fait improbable), vous agiriez de façon à ne point appeler l'attention sur nous... vous vous replieriez tous deux vers la chaise, vous vous éloigneriez avec elle, et vous ne reviendriez ici que lorsque le péril, quel qu'il soit, aurait disparu.

— C'est convenu, mon gentilhomme...

— Vous agiriez de la même façon, et vous battriez en retraite avec la même prudence, si vous entendiez un cri d'alarme poussé du côté des jardins...

— Ne faudrait-il donc point, dans ce cas, escalader à notre tour, et courir à votre aide? — demanda Coquelicot.

— Non certes. — Nous serons trois et, si le danger venait, nous nous suffirons grandement à nous-mêmes.

En entendant parler de danger, Moralès sentit ses jambes fléchir sous lui et ses dents s'entre-choquer.

— Cependant, grâce à l'obscurité qui cachait sa pâleur, le gitano fit bonne contenance et ne compromit point la réputation de vaillantise qu'il s'était faite à lui-même.

Malo et Coquelicot s'éloignèrent dans les directions indiquées par le baron.

— A l'œuvre, maintenant! — dit ce dernier, — le moment d'agir est venu!!...

Avec l'aide de Baudrille et de Moralès il se mit en devoir de rajuster les montants de l'une des échelles. — Ce fut l'affaire de quelques minutes, et l'échelle, que des crampons d'acier rendaient aussi solide que si elle eût été d'une seule pièce, se dressa contre la muraille dont elle dépassa de quelques pouces le couronnement.

— Partageons-nous les montants que voilà... — dit le baron, — et nous recommencerons dans le jardin l'opération que nous venons de faire ici...

Luc, Baudrille et Moralès prirent chacun un morceau de la seconde échelle. — M. de Kerjean attacha la lanterne sourde à son bras gauche et se mit en devoir de commencer l'escalade qu'il effectua rapidement.

Baudrille, puis Moralès, suivirent son exemple... — Bientôt le gentilhomme, le gitano et le spadassin furent réunis dans l'allée sablée qui formait une large terrasse le long de la rue Clovis.

Tous trois se dirigèrent alors vers l'hôtel, dont la masse imposante et sombre se dessinait en vigueur sur les ténèbres, de l'autre côté de la pelouse.

XXXII

LE ROLE DE MORALÈS

Jane de Simeuse, après le souper pendant lequel avait été portée la santé de Louis XV, s'était, comme de coutume, retirée dans sa chambre vers onze heures du soir.

Là elle se fit déshabiller par sa camériste qui l'aida à revêtir son costume de nuit (un long peignoir de fine laine brodée qu'une ceinture de soie bleue serrait à la taille). Ses beaux cheveux, divisés en deux nattes, s'enroulèrent autour de sa tête comme une double et brillante couronne, — ses petits pieds chaussèrent de mignonnes pantoufles bleues, garnies de duvet de cygne.

Jane congédia ensuite sa femme de chambre et s'agenouilla devant le prie-Dieu d'ébène que surmontait une charmante et naïve image de la Vierge noire, rapportée de Lorette en Italie.

La prière de la jeune fille était d'habitude fervente et courte. — Comme tous ceux qui prient du fond du cœur, elle ne priait pas longuement ; — son âme ardente et chaste montait vers Dieu par élans pour appeler les célestes grâces sur tous ceux qu'elle aimait, le duc et la duchesse, et René de Rieux son fiancé. — Elle se recommandait elle-même à la Vierge et à son bon ange, et elle se relevait ensuite, le cœur rempli d'une joie pure et de la ferme confiance que sa voix serait entendue.

Il n'en fut point ainsi ce soir-là ; — une torpeur inaccoutumée, un engourdissement inexplicable alourdissaient non seulement le corps de Jane, mais encore son esprit. — Par instants une sorte de voile s'étendait sur son intelligence. — Elle ne se souvenait plus des paroles qu'il fallait adresser à Dieu, ou bien ses lèvres murmuraient machinalement ces mêmes paroles, tandis que sa pensée absente s'égarait dans le vague.

A mesure que s'écoulaient les minutes, cette sorte de somnolence lourde augmentait. — Bientôt la jeune fille se sentit irrésistiblement dominée, — ses mains s'appuyèrent au couronnement du prie-Dieu et sa tête s'inclina sans force sur sa poitrine, comme une fleur dont la tige est brisée.

Mademoiselle de Simeuse ne dormait pas cependant ; — ses yeux restaient ouverts ; — elle était plongée dans un état bizarre, qui ressemblait infiniment plus à la catalepsie qu'au sommeil.

La porte de la chambre s'ouvrit doucement ; la duchesse entra sans bruit.

La jeune fille ne fit aucun mouvement.

Madame de Simeuse sourit, et murmura tout bas :

— Elle dort...

Puis, s'approchant, elle lui toucha l'épaule en disant d'une voix plus douce encore :

— Jane... chère Jane... éveille-toi...

Ces paroles et le contact de la main caressante de sa mère eurent pour effet immédiat de rappeler la jeune fille à elle-même. — Son esprit reprit aussitôt toute sa lucidité ; — le sang courut de nouveau dans ses veines dont les battements se ralentissaient.

Elle tourna vivement la tête et tendit son front au baiser de la duchesse, en répondant :

— Je ne dormais pas, ma bonne mère...

— Avais-tu donc entendu la porte s'ouvrir?
— Non, je l'avoue...
— Ta prière t'absorbait à ce point?...
— Je ne priais pas.
— Alors tu méditais?
— Non plus.
— Que faisais-tu donc?
— Je l'ignore... — Une sorte de nuage, descendu sur moi, m'enveloppait... — je ne pensais point... je voyais comme à travers une gaze... — Mais, je te le répète, je suis sûre que je n'étais pas endormie...

En parlant ainsi, Jane se leva.

— Souffres-tu? — demanda la duchesse en la regardant.

— Non. — Pourquoi cette question?

— Tu es pâle... — j'avais remarqué déjà cette pâleur au salon, après le souper. — La pensée m'en est revenue tout à l'heure... — l'inquiétude s'est emparée de moi... — je suis venue, et je te trouve plus pâle encore...

— Chasse bien vite cette inquiétude, ma bonne mère, car jamais je ne me suis mieux portée... — je n'éprouve rien d'alarmant; un peu de fatigue, peut-être, et de sommeil, mais ceci est très naturel à près de minuit... — C'est à peine si j'ai la tête lourde, ce qui m'arrive toujours, tu le sais, quand mon père me fait boire au souper quelques gouttes de vin d'Espagne... — Mets-toi donc l'esprit en repos, mère chérie, car ton enfant ne court aucun risque et va dormir d'un bon sommeil...

Jane embrassa tendrement la duchesse, qui sortit rassurée à demi, en se promettant de revenir un peu plus tard.

Mademoiselle de Simeuse, restée seule, s'assit au coin de la cheminée et, tirant de son sein la lettre de René de Rieux, elle voulut la relire, ainsi qu'elle faisait tous les soirs avant de se mettre au lit. — Elle savait cette lettre par cœur, — elle aurait pu la réciter sans se tromper d'un seul mot, — et cependant il lui fut impossible d'achever sa lecture.

A peine ses yeux venaient-ils de se fixer sur l'écriture de son fiancé, que sa vue se troubla, et que ce même engourdissement, interrompu par la visite de sa mère, suspendit les battements de son cœur et figea pour ainsi dire son sang dans ses veines.

Sans doute l'élixir versé par Kerjean agissait sur l'organisation nerveuse de Jane plus vite que la Goule ne l'avait prévu ; — peut-être aussi la dose était-elle trop forte... — toujours est-il que l'effet prédit devançait de beaucoup le moment annoncé.

Jane se sentit, comme un peu auparavant, dominée par l'invincible somnolence, — cette fois, elle lutta, — ni longtemps, ni victorieusement, il est vrai, mais assez, cependant, pour pouvoir cacher dans son sein la lettre reployée, pour s'envelopper dans les plis de son peignoir, pour éteindre sa lampe qui brûlait auprès d'elle, et pour se laisser tomber sur son lit dont sa main assoupie rassembla machinalement les couvertures autour d'elle.

A peine venait-elle de se poser sur l'oreiller, que ses yeux se fermèrent et qu'un long soupir s'exhala de ses lèvres entr'ouvertes.

Elle dormait. — Elle dormait d'un sommeil aussi profond que celui de la tombe. — La tempête aurait pu gronder sur sa tête et la foudre éclater à ses côtés sans faire seulement tressaillir ses paupières abaissées...

Vers une heure du matin la duchesse, que le souvenir de la pâleur de Jane poursuivait dans son insomnie, quitta de nouveau sa chambre, entra dans celle de sa fille et s'approcha du lit.

Ses vagues appréhensions se dissipèrent aussitôt. — Le visage de mademoiselle de Simeuse était non plus incolore comme un masque de cire vierge, mais aussi vivement nuancé que les pétales d'une rose de mai. —Un souffle égal et doux, un souffle d'enfant, soulevait régulièrement sa poitrine, — un sourire d'une angélique expression se jouait sur sa bouche, et semblait déceler des rêves gracieux.

La duchesse d'une main légère, mit en ordre la courtepointe de soie violette piquée de soie blanche qui dessinait les contours d'un corps sans défaut; — elle se pencha vers sa fille, non pas pour lui donner un baiser, mais pour caresser un instant son beau visage de son souffle, enfin elle se retira, le cœur soulagé d'un lourd fardeau, l'esprit délivré d'une vive préoccupation.

Laissons la pauvre Jane dormir sur sa couche virginale, du plus dangereux de tous les sommeils, et rejoignons le duc de Kerjean, Moralès et Baudrilles dans les jardins de l'hôtel de Simeuse.

A la fin du précédent chapitre, nous avons quitté le gentilhomme et ses dignes complices, au moment où tous trois traversaient la pelouse qui les séparait du corps de logis.

Entre le corps de logis et l'allée circulaire régnait une plate-bande qui, dès le printemps, étalait avec orgueil ses touffes de rosiers et ses groupes de fleurs rares aux couleurs vives, aux parfums pénétrants. — Des plantes grimpantes couvraient la muraille jusqu'à la hauteur des fenêtres du rez-de-chaussée, et les clochettes des liserons et des volubilis produisaient un effet charmant sur les pierres sombres du vieil édifice.

Naturellement au mois de février, rien de tout cela n'existait. — Les rosiers seuls, chaudement enveloppés de paille, attendaient frileusement le retour des premiers soleils.

Les trois aventuriers nocturnes s'installèrent dans la plate-bande même, dont la terre durcie par la gelée ne cédait point et ne s'enfonçait pas sous leur poids.

Luc s'orienta. — Depuis qu'il passait toutes ses journées à l'hôtel Simeuse, il avait employé son temps comme un espion ennemi dans une ville assiégée, c'est-à-dire qu'il s'était rendu le compte le plus exact de toutes les dispositions intérieures et extérieures des bâtiments ; — il connaissait la maison aussi bien que si le hasard lui eût mis entre les mains un plan détaillé, et il lui fut possible de désigner, à coup sûr, à Baudrille et à Moralès une fenêtre du premier étage, en leur disant :

— C'est là qu'il faut placer l'échelle.

Le lieutenant et le gitano se mirent en devoir de

réunir les fragments disjoints. — Cette besogne fut vite achevée, et l'escalade devint possible.

M. de Kerjean tira de sa poche et attacha sur son visage un masque de soie noire. — Il prit à la main la lanterne sourde qu'il avait portée suspendue à son bras gauche jusqu'à ce moment, et il s'élança légèrement sur les échelons après avoir dit aux deux bandits :

— Je vais avant d'agir reconnaître la position... — dans une minute je vous rejoindrai.

Une seconde lui suffit pour arriver au niveau du balcon de pierre, richement sculpté, qui régnait sur toute la longueur du premier étage. — Il franchit ce balcon, et il colla son visage à l'une des vitres de la fenêtre de Jane.

Nous savons déjà que la jeune fille avait eu la présence d'esprit machinale d'éteindre sa lampe au moment de succomber au sommeil. — Les derniers charbons du foyer s'étaient consumés ; — le baron ne vit que des ténèbres profondes auprès desquelles l'obscurité du dehors semblait transparente.

Luc dévoila à demi l'âme de sa lanterne sourde et dirigea un faible rayon lumineux vers l'intérieur de la chambre. — Pendant quelques secondes ce rayon effleura à l'aventure les murailles et les meubles, — enfin, après d'inévitables tâtonnements, il finit par rencontrer le lit et par se fixer sur le visage de mademoiselle de Simeuse. — Ce visage offrait l'expression d'anéantissement absolu que le baron s'attendait à y rencontrer. — A mesure que le temps avait passé, l'effet du narcotique était devenu plus intense. — Jane ressemblait à une jeune morte.

— C'est bien ! — murmura Kerjean, — Périne est une femme habile !...

Il referma sa lanterne, puis il redescendit les degrés de l'échelle avec moins de promptitude qu'il n'en avait mis à les gravir.

— Êtes-vous content, baron ?... — lui demanda Moralès.

— Tout à fait, — répondit Luc, — et je crois que dès à présent nous avons bataille gagnée...

Le gitano poussa un soupir de soulagement. — Les paroles du baron lui permettaient de supposer que le danger n'existait plus. — Il fut désenchanté bien vite...

— Mon cher don Gusman, — reprit le baron en s'adressant à lui, — votre rôle va commencer...

— Mon rôle ?... — balbutia Moralès redevenu soudainement perplexe. — Caramba ! que voulez-vous dire ? et de quel rôle parlez-vous ?

— De celui qui vous appartient de plein droit, don Gusman, et dont votre vieille expérience va vous permettre de vous acquitter avec une supériorité hors ligne.... — Voici le diamant et la boule de poix, prenez la lanterne, montez au premier étage, escaladez le balcon, servez-vous des petits instruments dont vous connaissez si bien l'usage, et pratiquez sans bruit dans l'une des vitres une ouverture suffisante pour vous permettre de faire jouer l'espagnolette depuis le dehors... — Aussitôt cette importante besogne achevée, dites-nous un mot, et nous vous rejoindrons immédiatement.

— Mais... — commença le gitano.

— Hâtez-vous, don Gusman! l'heure nous presse!! — interrompit Luc d'un ton formellement impératif.

Moralès avait peur du baron, presque autant qu'il redoutait le péril inconnu qui peut-être l'attendait en haut. — Entre deux terreurs et deux dangers il choisit la terreur la plus vague et le danger le plus incertain.

En conséquence il courba la tête; — il reçut des mains de Luc la lanterne, la poix et le diamant, et enfin il grimpa à l'échelle avec toute la vélocité dont son corps long et maigre était susceptible: —

une fois sur le balcon, il fit preuve d'une dextérité vraiment remarquable à laquelle les académies de voleurs et de coupeurs de bourse de Paris et de Londres n'auraient sans doute point refusé de rendre hommage.

C'est à peine si l'on put entendre crier la vitre sous la morsure circulaire du diamant taillé en pointe.

Moralès appliqua la boule de poix juste au point central du cercle qu'il venait de tracer. — Une faible secousse lui suffit ensuite pour détacher le le verre qu'il attira facilement à lui, grâce à l'adhérence de la poix.

Le gitano passa son bras avec précaution dans l'ouverture ronde qu'il venait de pratiquer. — Il chercha l'espagnolette et la fit jouer avec adresse exceptionnelle.

La fenêtre s'ouvrit doucement.

Alors Moralès se pencha en dehors du balcon et, arrondissant ses deux mains autour de sa bouche pour envoyer ses paroles droit à leur but, il murmura d'une voix très basse :

— C'est fait... — Venez...

L'instant d'après Luc et Baudrille se trouvaient à côté du gitano sur le balcon.

XXXIII

EFFRACTION ET ESCALADE

La duchesse de Simeuse, nous l'avons dit, était sortie complètement rassurée de la chambre de Jane, vers une heure du matin, laissant la jeune fille endormie. — Elle retourna dans son appartement où, pour la première fois depuis le commencement de la nuit, il lui fut possible de trouver un peu de sommeil.

Mais ce sommeil fut agité, fiévreux, visité par des songes de mauvais augure qui, peu à peu, prirent un cruel cachet de réalité. Il semblait à la malheureuse mère, dans le cauchemar qui l'obsédait, que l'effroyable péril suspendu par une double prédiction au-dessus de la tête de Jane était au moment d'éclater. — Elle voulait s'élancer de son lit et courir au secours de sa fille... — Elle ne pouvait pas. — Une défaillance soudaine paralysait son corps et rendait ses tentatives impuissantes. — Elle voulait crier à l'aide... — Sa voix s'éteignait dans sa gorge sans produire un son distinct... — Le silence régnait autour d'elle, et dans ce silence il lui semblait distinguer par moments un horrible bruit... un râle d'agonie... celui de Jane peut-être...

La duchesse se débattait contre cette hideuse obsession... — Elle se tordait sur sa couche et ne parvenait point à secouer son sommeil et à briser la chaîne de ses mauvais rêves.

Pendant ce temps, Luc, Moralès et Baudrille tenaient conseil sur le balcon, — ou plutôt le baron indiquait à ses complices la marche à suivre pour conduire à bonne fin l'entreprise si audacieusement commencée.

— Nous allons entrer tous trois dans cette chambre... — leur disait-il. — A votre droite vous verrez un lit, et sur ce lit une jeune fille endormie... — Vous roulerez cette jeune fille dans ses couvertures, — le lieutenant la soulèvera dans ses bras robustes, et don Gusman portera la moitié de ce fardeau léger...

— Cela se peut, — interrompit Baudrille ; — mais la petite ne manquera point de se réveiller et de pousser des cris aigus, qui nous mettront toute la maison sur les bras.

— Soyez sans inquiétude à cet égard, — répliqua Luc en souriant, — la jeune fille ne s'éveillera pas...

— Vous croyez ?

— Je fais plus que le croire, j'ai des raisons pour en être certain...

— Bien... bien... — dit philosophiquement Baudrille. — Je comprends, vous avez pris vos précautions... c'est d'un homme avisé...

Le baron répondit par un signe affirmatif, et continua :

— Rien de plus facile, ensuite, que de faire glisser peu à peu le corps le long de l'échelle, et je me charge de le soutenir et de l'amener sain et sauf dans le jardin... — Maintenant vous savez ce que vous avez à faire... — à l'œuvre, et vivement...

Le baron dévoila de nouveau l'âme de sa lanterne, de manière à produire une clarté suffisante, et les trois misérables entrèrent dans la chambre virginale dont aucun homme, jusqu'à ce jour, n'avait franchi le seuil.

Moralès connaissait par ouï-dire la prodigieuse similitude de sa sœur et de Jane, mais il n'avait jamais vu mademoiselle de Simeuse; aussi ne put-il contenir un mouvement de surprise quand ses regards rencontrèrent le visage de la jeune fille sur lequel se concentraient en ce moment les rayons de la lanterne sourde.

Ce mouvement n'échappa pas à Baudrille.

Une seule fois et pendant quelques minutes le lieutenant avait rencontré la gitane; — néanmoins il fut frappé de surprise, lui aussi, et, se tournant vers le baron, il lui dit à voix basse :

— Le diable m'emporte, mon gentilhomme, voilà une jolie fille qui ressemble d'une façon bien surprenante à la bohémienne de l'autre soir, la sœur ou la cousine du seigneur don Gusman que voici !
— non ! ma parole d'honneur, deux gouttes d'eau ne sont pas plus pareilles ! !

— Vous vous trompez, lieutenant... — répondit Luc avec vivacité, — je ne vois pas le moindre rapport... pas le moindre... — Êtes-vous de mon avis, don Gusman ?...

— Tout à fait... — appuya Moralès, — par Notre-

Dame d'Atocha, le jour et la nuit se ressemblent davantage...

Baudrille regarda successivement le baron et le gitano et murmura en hochant la tête :

— Allons... allons... je crois que je devine... et si c'est cela, c'est très fort!!...

Luc n'entendit pas les paroles du lieutenant mais, au mouvement des lèvres et à l'expression du visage, il saisit le sens de l'aparté, et il se dit à lui-même :

— Voilà un homme qui comprend trop vite... il en saura bientôt plus long qu'il ne faudrait... J'aviserai...

L'échange des quelques mots qui précèdent, avait eu lieu très rapidement. — Baudrille se mit en devoir d'obéir aux ordres du baron, — Il s'approcha du lit, il enveloppa Jane dans ses draps et dans la couverture de soie violette, et il dit à Moralès qui s'apprêtait à lui venir en aide :

— La petite ne pèse pas une once !... je la porterais d'ici à la butte Montmartre sans avoir besoin de personne...

Le gitano n'insista pas.

Déjà Baudrille soulevait le corps inerte de mademoiselle de Simeuse dans ses bras maigres et nerveux ; — déjà la tête charmante de la chaste enfant reposait sur la poitrine osseuse du sacripant.

Moralès battait en retraite vers la fenêtre. — Luc éclairait le ravisseur, et la joie orgueilleuse du triomphe étincelait dans ses regards à travers les trous de son masque.

Quelques secondes encore et le crime allait être consommé, et la chambre resterait vide, et les trois bandits disparaîtraient au milieu des ténèbres, en emportant avec eux leur proie.

Soudain la scène changea.

Une porte s'ouvrit tout à coup, — une vive clarté remplaça les pâles lueurs de la lanterne. — Kerjean tressaillit et mit la main sur la garde de son épée en se retournant.

La duchesse de Simeuse, une lampe à la main, livide, échevelée, était debout sur le seuil. — Elle attachait un regard effaré sur l'intérieur de la chambre, — elle ne pouvait en croire ses yeux, elle se demandait si elle était bien éveillée, et si son hideux cauchemar l'obsédait encore.

Cette indécision de la malheureuse mère ne devait avoir et n'eut en effet que la durée d'un éclair. — Madame de Simeuse comprit à l'instant que tout était vrai, que tout était réel dans le spectacle inouï qui s'offrait à elle! — Ses rêves effrayants prenaient un corps, — la réalité dépassait ses plus horribles visions ! elle voyait sa fille unique, son enfant bien-aimée, évanouie, morte peut-être, aux bras d'un bandit qui l'enlevait, tandis qu'une sorte de démon noir, la figure masquée et quasi fantastique, présidait à ce rapt infâme.

La duchesse poussa un rugissement comparable à celui d'une lionne dont on égorge les petits.

— Au secours ! — cria-t-elle, — on assassine ma fille !

La lampe s'échappa de ses mains et s'éteignit en se brisant. — Elle bondit jusqu'au lieutenant Baudrille. — Elle le saisit à la gorge avec l'énergie de la fureur et de la vengeance, et ses doigts, patriciens effilés et délicats comme des doigts d'enfant, creusèrent un sillon dans sa chair meurtrie.

Baudrille se sentit étranglé. — Il lâcha le corps de Jan , qui retomba sur le lit, et il essaya de se soustraire à l'étreinte inflexible et meurtrière en tordant les poignets et en brisant les doigts de la duchesse.

Tentative inutile !... — Dieu fait parfois de ces miracles ! les poignets semblaient de marbre et les doigts d'acier...

Baudrille ne respirait plus, — le sang affluait à son cerveau, il râlait, et les mots : — *A l'aide!...* qu'il s'efforçait de prononcer, s'étouffaient dans son gosier contracté.

Luc venait de fermer la lanterne sourde. — Une obscurité profonde régnait dans la chambre, — Moralès s'était éclipsé.

En présence du désastre inattendu et irrémédiable de sa tentative, M. de Kerjean avait momentanément perdu son sang-froid.

Il se demandait : — *Que faire?* — il prêtait l'oreille au râle de Baudrille, — il écoutait naître et grandir, dans les profondeurs de l'hôtel, des bruits vagues qui devenaient de seconde en seconde plus distincts... — A coup sûr la clameur sinistre de la duchesse avait été entendue...

On allait venir... on venait.

Encore une fois quel parti prendre? — Fuir en abandonnant Baudrille? Il n'y fallait point penser. — Le lieutenant, fait prisonnier, tirerait vengeance de son abandon en déclarant qu'il n'était qu'un bandit subalterne, à la solde d'un riche gentilhomme. — Il essayerait en outre d'acheter sa grâce en livrant aux Simeuse le mystère de la ressemblance de Jane et de Carmen, en un mot il perdrait infailliblement et irrévocablement le baron.

Luc se dit tout cela. — Il résolut d'en finir à l'instant même et de dégager Baudrille à tout prix. — Il fit jaillir de sa lanterne une lueur suffisante pour se guider et, tirant son épée du fourreau, il s'approcha de la duchesse.

Cette dernière, la tête perdue, n'avait plus qu'une idée : se venger... — tuer le misérable qui avait porté la main sur sa fille! — Dans ce moment elle ne vivait plus que pour cette mort et cette vengeance, et ne se doutait point du nouveau péril qui la menaçait.

Luc appuya la pointe de son arme entre les épaules de madame de Simeuse. — C'en était donc fait de la malheureuse mère!... — Une réflexion subite arrêta la main de l'infâme gentilhomme.

— Meurtre inutile!... — se dit Kerjean. — La mort de la duchesse rendrait pour longtemps le mariage de Jane impossible... — Elle vivra...

En conséquence, au lieu d'accomplir l'assassinat qu'il méditait il se servit de son épée comme d'une massue et il frappa la tête de madame de Simeuse avec le pommeau, de manière à produire un étourdissement foudroyant, mais non mortel.

La duchesse ne poussa pas même un gémissement. — Ses doigts détendus lâchèrent la gorge du lieutenant, — ses bras se raidirent, — elle tomba de toute sa hauteur sur le tapis, où elle resta étendue comme un cadavre.

— Ouf !... — balbutia Baudrille d'une voix à peu près indistincte. — Il n'était que temps !... — Une seconde de plus et mon affaire était faite et bien faite !... Grand merci, mon gentilhomme...

Tout ce qui précède s'était passé en vingt fois moins de temps que nous n'en avons mis à le raconter. — Deux minutes avaient suffi pour le développement de ce formidable drame, qui touchait à son dénouement car on entendait des voix agitées s'appeler et se répondre, et des pas pressés retentir sur les escaliers et dans les galeries. — Ces pas et ces voix se rapprochaient rapidement de la chambre de Jane.

— De par tous les diables ! — pensa Luc, — j'ai grand'peur d'avoir trop tardé... — La partie était belle, cependant, et plus qu'à moitié gagnée !...

Puis il ajouta, tout haut :

— Allons, lieutenant, à l'échelle !...

Baudrille n'attendait que cet ordre. — L'honnête coquin, tout en voulant gagner consciencieusement son argent, n'était pas fâché de sauver sa peau. —

Il courut au balcon et se pencha vers le jardin. — Luc le suivait, — mais, au lieu d'enjamber la balustrade, le lieutenant recula avec un geste très expressif de stupéfaction et d'angoisse. — Le baron se pencha à son tour, et un blasphème s'échappa de ses lèvres.

L'échelle n'était plus là !...

Moralès, mis en fuite par l'apparition de la duchesse, avait jugé prudent de la renverser derrière lui, afin de protéger sa retraite et de se trouver à l'abri de toute poursuite... — Ce gitano bien avisé pensait à sa conservation personnelle... — Son plus vivace instinct lui criait : *Songe à toi!*

La situation du baron et de Baudrille semblait désespéré ; — d'une seconde à l'autre la chambre allait être envahie. — Se précipiter de la hauteur du premier étage, sur la terre durcie par la gelée, c'était courir à une mort à peu près certaine.

Luc eut une inspiration. — Il s'élança vers la porte restée entr'ouverte... il la ferma ; — fit jouer la serrure et poussa les verrous ; puis, aidé par Baudrille, il traîna contre cette porte les meubles les plus lourds de la chambre et les amoncela les uns sur les autres.

Il arracha ensuite les rideaux des fenêtres et ceux

du lit, il les tordit, il les unit par des nœuds solides, et il fixa à l'un des pilastres du balcon l'extrémité de cette corde improvisée.

— Lieutenant Baudrille, — dit-il ensuite au bandit, tandis que des chocs impétueux ébranlaient la porte barricadée, — le salut est là!... — passez le premier...

Le spadassin ne se fit point répéter deux fois cet ordre. — Il saisit le câble de soie et se laissa glisser en se soutenant de son mieux à la force des poignets. — Sa descente fut rapide ; il arriva à bon port dans le jardin.

Le baron suivit son exemple avec le même bonheur, et ses pieds touchaient le sol au moment où le bruit formidable d'un écroulement lui vint apprendre que la porte d'en haut cédait enfin et tombait brisée.

— Nous sommes sauvés ! — murmura Luc, — mais nous l'avons échappé belle !!

Le gentilhomme et le bandit prirent alors leur course à travers la pelouse et arrivèrent à la terrasse qui donnait sur la rue Clovis.

Là une nouvelle et cruelle déception les attendait.

— Malédiction !! — cria Luc en interrogeant les

ténèbres qu'un réverbère fumeux combattait imparfaitement. — Malédiction ! le diable est contre nous !!... l'échelle a disparu !...

C'était vrai ! — l'échelle gisait au pied de la muraille. — Moralès, dans sa terreur égoïste, avait pris soin de la renverser comme la première !... — La retraite était ainsi coupée irrévocablement ! — aucun moyen de fuite n'existait désormais.

Kerjean regarda du côté de l'hôtel.

Les fenêtres s'éclairaient tour à tour. — Le duc de Simeuse et ses gens parcouraient la maison en cherchant les assassins.

Une des portes qui donnaient sur le jardin s'ouvrit bruyamment, — un flot d'hommes armés et portant des torches en jaillit.

— Malédiction ! — répéta Kerjean pour la troisième fois, — je suis perdu !... bien perdu ! — Mais, — ajouta-t-il avec rage, — avant de me laisser prendre, ou plutôt me faire tuer, je me défendrai !! je veux tremper mon épée dans le sang jusqu'à la garde !... — Le sanglier acculé tient tête à la meute !... — Maître et valets, je vous attends !...

A cette minute précise une voix étouffée à dessein, une voix bien connue de Luc, s'éleva dans la rue Clovis, au pied de la muraille, et murmura:

— Monsieur le baron m'entendez-vous ?

— Est-ce toi, Malo ? — demanda Luc avec un commencement d'espérance.

— Oui, c'est moi, monsieur le baron... je sais que vous êtes en péril... — que faut-il faire ?

— Il faut me sauver... et me sauver vite... la mort est là... — Dresse l'échelle.

— J'essaie, monsieur le baron... Mais l'échelle est lourde... et je suis seul...

— Appelle Coquelicot...

— Il est trop loin... il ne m'entendra pas.

— Redouble d'efforts, mon bon serviteur, hâte-toi !... hâte-toi !... la mort approche...

Malo faisait de son mieux, mais en vain. — La longueur de l'échelle paralysait sa vigueur et rendait ses tentatives inutiles. — Chaque nouvel effort pour dresser cette machine de quarante pieds de haut apportait au valet une preuve nouvelle de son impuissance.

Kerjean se sentait défaillir d'impatience et d'anxiété. — Sa main droite se cachait sous ses vêtements, et ses ongles ensanglantaient sa poitrine.

Les valets se répandaient dans le jardin et couraient dans toutes les directions. — Les uns portaient des épées nues, les autres des mousquets et des fusils de chasse. — Le cercle lumineux projeté par les torches et les flambeaux s'agrandissait d'instant en instant. — Bientôt les lueurs révélatrices allaient arriver jusqu'aux fugitifs et les signaler d'autant mieux à tous les regards que les massifs, dépouillés par l'hiver, n'offraient aucun asile obscur, aucune ombre protectrice.

— Mon gentilhomme, — dit Baudrille avec le plus beau sang-froid, — savez-vous que d'ici à une minute nous allons être canardés par cette valetaille, ni plus ni moins que des lapins pris en maraude par le propriétaire d'une garenne?... — Je crois que vous n'aurez point le souci de me payer le premier quartier de mes trois mille livres de rente... Allons, je n'ai pas de chance !... la fortune arrive, et c'est moi qui m'en vais !...

Le temps de répondre à cette tirade philosophique manqua au baron. — Un valet, plus avancé que ses compagnons, s'écria d'une voix perçante :

— Les voilà !... ils sont sur la terrasse du bout du jardin !... regardez !... regardez !...

— Oui... oui, — reprirent en chœur tous les autres, — les voilà ! — Sus aux assassins !...

M. de Simeuse, à peine vêtu, l'épée à la main,

parut en ce moment dans le cadre sombre de la porte ouverte par les valets.

— Que personne ne touche à ces hommes ! — commanda-t-il d'une voix rauque et décomposée. — Ces hommes sont à moi !... rien qu'à moi !... — Ils ont tué ma femme... ils ont tué mon enfant !... — j'aurai leur sang !... J'aurai leur vie !...

Les valets ralentirent leur course. — Le duc, qui dans son désespoir croyait avoir un double meurtre à venger, s'avança seul dans la direction de la terrasse qu'une obscurité presque compacte enveloppait encore.

Le baron tira de sa poche un petit pistolet, — il se pencha vers Baudrille et lui dit tout bas :

— Peut-être nous reste-t-il une chance de salut... ne la laissons pas échapper. — Je vais abattre d'un coup de feu cet homme qui vient si follement à nous... — Un immense désordre suivra sa chute... — Profitons de ce désordre pour mettre flamberge au vent, chargeons cette valetaille et pratiquons une trouée victorieuse !... — Qu'en pensez-vous, lieutenant ?...

— Ça me va tout à fait, — répliqua laconiquement Baudrille. — Tirez donc, et en avant !!...

Le duc marchait toujours, — cinquante pas à

peine le séparaient de Kerjean, — le cercle des torches se rétrécissait, — on pouvait distinguer la pâleur et l'expression farouche et désespérée du visage de M. de Simeuse.

Luc éleva le bras, — il ajusta le vieillard, — il chercha du doigt la détente et se dit à lui-même :

— Quatre pas encore et je ferai feu !

Puis il compta successivement :

— *Un!... deux!... trois!...*

Déjà ses lèvres s'entr'ouvraient pour murmurer le chiffre fatal mais, avant qu'il en eût articulé les syllabes meurtrières, une exclamation de triomphe retentit dans la rue Clovis, et la voix de Malô se fit entendre.

— Vite ! vite ! — disait cette voix. — Il est encore temps ! Venez !

Dans un suprême effort le fidèle valet avait accompli une tâche impossible et surmonté d'insurmontables obstacles. L'échelle se dressait contre la muraille, à trois pieds tout au plus du baron de Kerjean.

— Écoutez... écoutez, mon gentilhomme, — balbutia Baudrille, — la chance tourne, l'échelle est là.

— Attendez ! — répondit Luc, dont une idée soudaine et malfaisante venait de traverser l'esprit.

— Attendre! — répéta le lieutenant. — Que voulez-vous attendre? — Nous n'avons ni une minute, ni une seconde à perdre.

— Fiez-vous à moi... Je vous sauve et je me sauve en même temps... — L'épée à la main, lieutenant, et ferraillez.

— Contre qui?

— Contre moi, pardieu!

— Dans quel but?

— Vous allez voir.

Baudrille ne comprenait pas, mais il ne put refuser d'obéir car le baron, son pistolet dans la main gauche et son épée dans la main droite, le chargeait vivement et le contraignait à croiser le fer.

En même temps, Luc avait arraché son masque de soie et le foulait aux pieds.

Le lieutenant croyait rêver. — A coup sûr il ne s'agissait en ce moment que d'un simulacre de combat, et néanmoins M. de Kerjean attaquait avec une impétuosité si grande que Baudrille était obligé de mettre en jeu toute sa force et toute son adresse pour écarter de sa poitrine la pointe de l'épée voltigeant comme un feu follet devant ses yeux.

Ceci dura quelques secondes. — Au bout de ce temps, Luc dit tout bas :

— Maintenant la comédie est jouée... — Battez en retraite et gagnez l'échelle.

— Enfin !... — balbutia le lieutenant qui pirouetta sur ses talons et bondit.

A peine avait-il tourné les talons, que Kerjean s'écria d'une voix de tonnerre :

— Lâche ! misérable lâche ! tu fuis en vain, — tu ne m'échapperas pas !

Et, sans autre forme de procès, il lui brûla la cervelle d'un coup de pistolet.

Le lieutenant tomba raide mort.

— L'occasion était bonne... — pensa le baron, — cet homme en savait déjà long ! — Il me faut des complices, mais je ne veux pas de confidents !

Puis, allant droit à M. de Simeuse, qui n'était plus qu'à vingt pas de lui et qui s'arrêta, frappé de stupeur, en le reconnaissant, il demanda d'une voix brève et haletante :

— Monsieur le duc, Dieu, m'a-t-il permis d'arriver à temps pour éloigner de votre maison tous les malheurs que je redoute !

XXXIV

UN GRAND COMÉDIEN

Certes Luc venait d'agir avec une audace voisine de la folie et qui pouvait le perdre irrévocablement... — Il eut bientôt la preuve qu'en obéissant à l'inspiration infernale dont nous avons vu les résultats il avait eu raison, au point de vue de son plan machiavélique.

La foi aveugle lorsqu'elle n'éclaire point. — M. de Simeuse avait la foi... — pour lui, Luc de Kerjean n'était et ne pouvait être qu'un sauveur... — Aucun doute ne s'éleva donc en son esprit, et sans même chercher à s'expliquer la présence du baron à trois heures du matin dans les jardins de l'hôtel, il répondit d'une voix déchirante, en cachant son visage entre ses deux mains :

— Hélas non, mon enfant, Dieu ne vous a point permis d'arriver à temps... Les malheurs de cette nuit sinistre sont accomplis, et dépassent les plus horribles prévisions... Vous êtes venu trop tard !...

— Monsieur le duc, — s'écria Luc, — en vous écoutant je frissonne... — Parlez et répondez-moi... — que s'est-il passé ?...

M. de Simeuse n'eut pas la force de répondre. — Il jeta ses deux bras autour du cou de Luc, — il appuya sa tête sur l'épaule du gentilhomme, il éclata en sanglots.

Lorsque cette crise de douleur et de larmes se fut épuisée par sa violence même, il balbutia :

— J'étais un heureux époux... j'étais un heureux père... — de tout ce que j'aimais il ne me reste rien...

— Quoi ! madame la duchesse ?... mademoiselle Jane ?...

— Ma femme... ma fille... mortes... mortes toutes deux...

— Mortes toutes deux ! — répéta Luc avec une savante expression d'angoisse. — Monsieur le duc, je ne vous crois pas... je ne puis pas vous croire...

16.

— non... non... c'est impossible! — Mortes, dites-vous... mais comment?...

— Assassinées ! — la mère auprès de la fille... — assassinées par les bandits dont l'un est tombé sous vos coups...

— Vous avez vu les cadavres?... vous les avez touchés?...

— J'ai vu ma fille inanimée sur son lit en désordre... — J'ai vu la duchesse sanglante et morte... — J'ai couvert de baisers et de larmes leurs fronts pâles et leurs mains glacées ; puis, à demi fou de désespoir, j'ai couru à la poursuite de l'incomplète vengeance qui m'échappait sans vous...

— Monsieur le duc, je crois aux pressentiments. — J'y crois comme à Dieu lui-même, car jamais ils ne m'ont trompé... — Au moment où je vous parle, je ne sais quelle voix mystérieuse me révèle que les alarmes si légitimes de votre cœur de père et d'époux exagèrent l'horreur de la catastrophe qui vous frappe... — Un lien bizarre, vous ne l'ignorez pas, unit pour un moment ma destinée à celle de votre famille... — Eh bien, j'ai la conviction, je pourrais dire : *J'ai la certitude*, que madame la duchesse et mademoiselle Jane sont vivantes...

— Vivantes… elles seraient vivantes! — s'écria le duc dont la tête se releva et dont les rayons lumineux de l'espérance firent étinceler les prunelles voilées par les larmes.

Il saisit les deux mains de Kerjean, il les serra passionnément dans les siennes et il ajouta, en entraînant le baron :

— Venez… venez alors, et que Dieu vous entende !…

Un instant après, le vieillard et le baron franchissaient le seuil de la chambre dévastée dans laquelle s'était accomplie la péripétie la plus récente du drame que nous racontons.

A peine le duc avait-il tourné ses regards vers l'intérieur de cette chambre, que le cri d'une joie surhumaine s'échappa de ses lèvres.

— Que vous avais-je dit? — murmura Kerjean.

En effet, le spectacle qui s'offrait aux yeux de M. de Simeuse réalisait en partie les consolantes promesses du Breton.

La duchesse, revenue à elle-même mais plongée dans cet anéantissement moral à peu près complet qui suit presque toujours un violent ébranlement du cerveau, était assise sur le bord du lit. — Elle semblait n'avoir aucun souvenir de ce qui venait de se passer. — Elle regardait d'un œil vague et surpris sa main rougie par le sang qui coulait goutte à goutte sur son visage d'une blessure peu profonde qu'elle s'était faite au front dans sa chute.

— Vous voyez que madame de Simeuse est vivante, monsieur le duc, — reprit le baron, — vous voyez que mes pressentiments ne me trompaient pas.

— C'est vrai... — balbutia le vieillard redevenu sombre et dont les yeux se mouillèrent de nouveau, — mais Jane?

— Mademoiselle Jane semble endormie, et son aspect n'a rien d'effrayant. — Allons, monsieur le duc, du courage! — appuyez votre main sur son cœur.

M. de Simeuse tremblait, mais il obéit. — Son regard redevint brillant, — les plis de son front s'effacèrent.

— Eh bien? — demanda le baron.

— Dieu soit loué! elle est vivante aussi, son cœur bat!

— Je vous le disais bien, elle dort.

— Oui... elle dort... et cependant, c'est impossible.

— Pourquoi?

— Quel sommeil serait assez profond pour résister au formidable bruit qui s'est fait autour de la pauvre enfant?

— Vous avez raison, monsieur le duc... — mais mademoiselle Jane a éprouvé une violente terreur, et cette terreur me semble plus que suffisante pour déterminer un évanouissement de longue durée!... Ne le croyez-vous pas comme moi?

Une telle explication était naturelle et plausible.
— Elle fut acceptée à l'instant même par le duc, et aussi par madame de Simeuse à qui revenaient à la fois la pensée et le souvenir.

Le danger n'existait plus, ni pour la mère, ni pour la fille, et l'allégresse du vieillard fut immense et débordante comme l'avait été son désespoir.

Alors seulement il songea à questionner le baron pour apprendre de lui les motifs de son arrivée, en apparence inexplicable, au milieu de la nuit et pendant le dernier acte de la tragédie terrible qui venait de se jouer.

La réponse de Luc fut aussi simple qu'invraisemblable, mais cette réponse était de nature à ne pouvoir être révoquée en doute par le duc et la duchesse qui, depuis quelques jours, vivaient en plein fantastique et en dehors de toute réalité ; — nous ajouterons que cette invraisemblance même rendait une telle réponse merveilleusement admissible pour ses auditeurs.

— En vous quittant, — dit le gentilhomme, — j'étais retourné droit à mon logis, je m'étais mis au lit et je venais de m'endormir d'un sommeil fiévreux, lorsque tout à coup je fus visité par un rêve précis et distinct comme une vision... — Ce rêve me transporta dans votre hôtel et, chose étrange, me montra, tel que je le vois en ce moment, l'intérieur de cette chambre où nous sommes et que je ne connaissais pas... — Mademoiselle Jane reposait sur ce lit, — ses lèvres murmuraient tout bas le nom de sa mère... — Étonné, presque effrayé de la hardiesse, tout involontaire cependant, qui m'avait fait violer ce chaste sanctuaire, j'allais me retirer plein de trouble et de respect quand soudain une fenêtre, — celle-là, — s'ouvrit violemment, — des hommes au visage sinistre s'élancèrent, — mademoiselle de Simeuse se souleva en poussant un cri de stupeur et d'effroi, puis, foudroyée par l'émotion, retomba sans connaissance en arrière. — Je me réveillai, frissonnant d'épouvante et d'indignation... — Je me dis : *Ce n'est qu'un rêve!...* — Mais l'impression produite par ce rêve restait vivante dans mon âme et ne s'effaçait pas... — Une voix intérieure me criait : — *Lève-toi et cours! la fille de Simeuse est en péril, et ta place est là-bas.* — Je ne résistai point aux ordres de cette voix... — Je pris à la hâte des vêtements et des armes... — Je partis seul... — Je m'enfonçai dans Paris muet et désert... — Je marchais vite. — A mesure que j'avançais vers le but mes inquiétudes grandissaient au lieu de s'effacer. — Enfin j'atteignis la rue Clovis, et mon premier regard me prouva que mon rêve était bien un avertissement du ciel! — Contre la muraille de votre jardin une haute échelle était dressée... — trois coupe-jarrets, trois spadassins, gardaient le pied de cette échelle. — Je fondis sur eux, je les mis en fuite puis, entraîné par mon aveugle colère, je commis la faute de les poursuivre, — ils m'échappèrent en un instant, dans les ruelles tortueuses du quartier... — Je revins à mon point de départ, — j'entendis des clameurs lointaines, — je vis deux hommes descendre l'échelle, ou plutôt se laisser glisser avec une rapidité prestigieuse le long des montants, et disparaître comme s'ils avaient eu des ailes aux talons. — A mon tour j'escaladai la muraille, — un troisième misérable se préparait à suivre ses compagnons, — je bondis sur lui, l'épée haute. — Une lutte s'engagea. — De cette lutte je crois, monsieur le duc, que vous avez été témoin. — Le bandit allait m'échapper, — il fuyait lâchement! — je l'abattis d'un coup de pistolet. C'était là une vengeance bien incomplète, vous l'avez dit vous-même, mais enfin il est bon que l'un des ravisseurs ait payé de sa vie sa tentative infâme.

Kerjean se tut.

— Ah! monsieur le baron, — s'écria la duchesse, — la main de Dieu est visiblement dans tout ceci... — C'est un rêve qui vous a envoyé à notre aide, et c'est un rêve aussi qui m'a dévoilé le péril de Jane, et m'a conduite ici, à l'heure même où le crime allait se consommer!...

La coïncidence était frappante en effet pour un esprit frappé, pour une imagination prévenue, et l'on voit que Luc avait été bien servi par sa fertile duplicité. — Grâce à son mensonge hardi, non seulement le gentilhomme éloignait à jamais tout soupçon, mais il grandissait encore dans l'estime du duc et de la duchesse, convaincus de plus en plus que de lui seul dépendait la destinée de Jane.

Le sommeil léthargique de cette dernière continuait, — et nous savons qu'il devait se prolonger jusqu'au matin, — mais madame de Simeuse et son mari ne pouvaient éprouver de sérieuses inquiétudes en face de ce sommeil qu'ils considéraient comme un évanouissement, et qui conservait aux battements du cœur toute leur calme régularité.

Luc prit congé de la duchesse qu'il laissa veillant sur sa fille et décidée à ne se point séparer d'elle jusqu'au moment où elle verrait ses beaux yeux s'ouvrir, où elle entendrait le murmure de sa voix chérie.

M. de Simeuse se mit en devoir de reconduire le baron jusqu'à la grille extérieure, en lui renouvelant pour la vingtième fois les protestations de sa gratitude passionnée.

— Monsieur le duc, — dit Luc au vieillard dans le vestibule de l'hôtel, — allons donc voir un peu, s'il vous plaît, le coquin dont j'ai fait justice.

— Allons !... — répliqua M. de Simeuse.

Le gentilhomme breton voulait tout simplement se prouver à lui-même *de visu* que Baudrille était bien mort, et qu'une résurrection inopportune ne viendrait pas compromettre son immense échafaudage de mensonges.

Il fut promptement rassuré à cet égard.

Trois ou quatre valets, tenant des torches et des mousquets, montaient la garde auprès du cadavre

Le malheureux lieutenant, foudroyé par derrière était couché sur le dos au milieu d'une large mare de sang d'un rouge noir qui faisait paraître plus hideuse la livide pâleur de son visage anguleux. — Sa petite perruque de crin, détachée dans sa chute, découvrait son crâne luisant que tachaient des gouttelettes pourpre. — La cicatrice qui partageait sa joue gauche depuis le sourcil jusqu'à la lèvre, et qui donnait à sa figure un cachet soldatesque, était devenue toute noire. — Ses yeux sans regard et largement ouverts offraient une expression effrayante. — Autour du gosier se voyaient les empreintes violettes laissées par les mains de la duchesse.

— Voilà, — s'écria Luc, — voilà certes un visage qui ne pouvait tromper personne ! — Quelle tête de coquin !

— Comme on devine bien qu'un tel misérable devait commettre sans hésiter tous les crimes !... — murmura M. de Simeuse.

— Mais attendez donc... — reprit Kerjean, de l'air d'un homme qui cherche dans sa mémoire ; —

cette figure étrange et repoussante, que je n'avais fait qu'entrevoir pendant la lutte, me rappelle des souvenirs... — Ces souvenirs deviennent distincts... oui... oui... je suis sûr de mon fait.

— Vous connaissiez ce bandit ? — demanda vivement le duc.

— Je l'avais du moins rencontré une fois déjà... — Une fois déjà mon épée s'était croisée avec la sienne.

— Dans quelle circonstance ?... en quel lieu ?...

— Dans une circonstance récente et qui vous intéresse, monsieur le duc... — L'homme que voilà était l'un de ces affronteurs contre lesquels j'eus le bonheur de défendre mademoiselle de Simeuse et sa gouvernante, aux Tuileries, il y a quelques jours...

— Rien n'est plus probable en effet, et rien n'explique mieux l'attentat de cette nuit... — les misérables voulaient venger leur éclatant échec...

— Je le pense comme vous... — Grâce au ciel, ils n'ont pas réussi...

— Aujourd'hui, sans doute, — mais qui nous affirme qu'ils se tiendront pour battus et ne recommenceront pas de nouvelles tentatives ?

— Ceci me paraît peu vraisemblable. — Vous

ferez bien cependant, je le crois monsieur le duc, de prendre quelques mesures de pure précaution... — un certain nombre de vos gens pourraient faire faction chaque nuit, jusqu'à la fin du mois, dans la cour et dans les jardins de l'hôtel...

— Ce conseil est excellent, cher baron, et sera religieusement suivi...

— Je crois que de cette façon vous irez au-devant de la possibilité même du danger, et je solliciterai de vous comme une faveur, monsieur le duc, l'autorisation de me joindre pendant quelques nuits à vos soldats improvisés...

M. de Simeuse, — comme bien on pense, — accepta cette offre chevaleresque avec de chaleureuses actions de grâces, et Luc, que rien ne retenait plus à l'hôtel, s'éloigna après avoir décliné la proposition du vieillard qui voulait le faire reconduire en carrosse, ou tout au moins mettre deux laquais à sa disposition pour l'accompagner jusque chez lui.

Outre la déception profonde résultant de son entreprise avortée, M. de Kerjean avait une vive préoccupation.

Qu'étaient devenus Carmen, la chaise à porteurs, Malô et Coquelicot?

Il se posait cette question et il ne pouvait pas la résoudre, — mais comme il lui paraissait invraisemblable que Malô eût pris sur lui de reconduire la gitane au Logis-Rouge, il se mit à explorer le quartier, espérant découvrir, dans quelque recoin sombre, dans quelque discrète encoignure, les gens qu'il cherchait.

Cet espoir ne fut point déçu : — à peine Luc venait-il de faire une centaine de pas sur la pente rapide de la rue des Fossés-Saint-Victor, qu'il entendit la voix émue et agitée de Malô s'écrier :

— Miséricorde !... en croirai-je mes yeux ?? est-ce vous, monsieur le baron, ou n'est-ce que votre ombre ?...

— C'est parfaitement moi... — répondit Luc en se retournant et en regardant à droite et à gauche, en avant et en arrière, mais il n'aperçut rien ; — le fidèle serviteur restait invisible.

— Où diable es-tu donc ? — demanda le gentilhomme.

— Me voici, monsieur le baron... — une minute de patience, je vous en supplie... et détournez-vous un peu, s'il vous plaît..

Luc se trouvait vis-à-vis d'une masure à demi

croulante, abandonnée par ses habitants, et dont un fagot d'épines remplaçait la porte. — Ce fagot d'épines s'agita, oscilla à deux reprises, et finit par aller rouler sur le pavé de la rue, à la place même que le gentilhomme venait de quitter... — Malô se montra dans l'ouverture devenue béante.

— Monsieur le baron, dit-il, — la chaise et Coquelicot sont là... — faut-il sortir?...

— Sans doute... — répliqua Kerjean, — la rue est libre et déserte.

La chaise, dans laquelle se blottissait Carmen engourdie par le froid et l'immobilité, fut tirée de la masure dont Malô avait fait une cachette introuvable.

— Monsieur le baron, — reprit le valet, — où allons-nous, je vous prie?

— Au Logis-Rouge, — murmura Luc en se penchant vers son serviteur pour n'être point entendu de Coquelicot.

On se mit en route. — Les porteurs marchaient vite pour se réchauffer. — Le trajet s'accomplit rapidement. — Aussitôt la chaise remisée dans la salle basse, Coquelicot quitta son déguisement de grison, revêtit ses haillons sordides, et tendit à Luc sa main ouverte dans laquelle le baron laissa tomber cinq pièces d'or.

— Grand merci, mon gentilhomme... — s'écria le bandit en empochant la somme. — Vous êtes généreux comme un roi, et je vous recommande de penser à moi quand vous aurez besoin d'un bon compagnon... — A propos, j'espère qu'il n'est point arrivé malheur au lieutenant Baudrille?...

— Le lieutenant Baudrille est mort, — répondit laconiquement le baron.

Coquelicot se gratta l'oreille.

— Ah! diable! — dit-il, — pauvre lieutenant! — Mort si vite! — C'était un brave! — Nous étions amis comme les deux doigts de la main, depuis un jour où il m'avait gratifié de certain coup de couteau dont je porterai la marque jusqu'à ma dernière heure. — Je donne une larme à sa mémoire.

Le coupe-jarret approcha de ses paupières éraillées un lambeau de mouchoir, puis il ajouta d'un ton leste et dégagé :

— Ah! bah! lui, aujourd'hui; moi, demain... — Nous sommes tous mortels! — Bonsoir la compagnie.

Et il sortit du Logis-Rouge, dont la porte se referma derrière lui.

Kerjean offrit alors son bras à Carmen toujours masquée, et monta avec elle retrouver la Goule.

Cette dernière attendait avec une impatience et une anxiété d'autant plus vives que depuis plus de deux heures, le temps nécessaire selon elle pour mener à bien l'entreprise, était écoulé. — Ce retard inexplicable lui semblait donc, et avec raison, de mauvais augure.

Elle écouta silencieusement, — froidement même en apparence, — le récit de Luc.

Quand ce récit fut achevé elle ne dit pas un mot, elle appuya son coude sur la table et sa tête sur sa main, et elle s'absorba dans une méditation profonde.

— A quoi donc penses-tu, Périne?... — lui demanda le baron au bout de quelques minutes.

La Goule releva la tête.

— Je pense, — dit-elle, — à ce qui vient de s'accomplir cette nuit. — Tout était bien combiné, bien prévu, cependant! — La hardiesse du plan n'en excluait par la prudence! — l'entreprise devait réussir. — Nous avions pour nous mille chances... — nous n'en avions contre nous qu'une seule. — C'est celle-là qui l'a emporté! — Je pense à cela, mon cher baron, et je cherche le moyen de dominer invinciblement la fortune et de recommencer la partie en ayant pour nous toutes les chances.

— Recommencer la partie ! — s'écria Luc stupéfait.

— Sans doute.

— Tu parles sérieusement, Périne ?

— Que trouves-tu d'étonnant dans ce que je te dis ?

— Ainsi, tu n'es pas découragée ?

— Tu oublies que je ne me décourage jamais.

— Songe que le duc et la duchesse vont être sur leurs gardes demain, vingt fois plus encore qu'ils ne l'étaient hier...

— Que nous importe ?

— Songe que, désormais, Jane de Simeuse ne sera plus seule un instant.

— Je ne m'inquiète point de cela.

— Songe enfin que j'ai conseillé moi-même des mesures de surveillance qui rendront impossible toute entreprise violente...

Périne haussa les épaules.

— La violence !... — répéta-t-elle d'un ton dédaigneux. — Eh ! quoi ! tu en es encore là ?? — Pauvre Kerjean, naïf esprit ! ne comprends-tu pas que, lorsqu'un filon d'or ou de cuivre est épuisé ou est infécond, le mineur habile doit se tourner d'un autre côté et attaquer une autre veine... — Dans le plan qui vient d'échouer la force tenait une trop grande place... — c'était son côté dangereux... — Dans le plan dont je sens naître le germe en mon cerveau, la ruse seule, au contraire, tiendra les fils des pantins que ma volonté fera mouvoir, et par une route souterraine nous conduira promptement et sûrement au succès qui vient aujourd'hui de nous échapper...

— Ce plan, — demanda Luc, — pouvons-nous le connaître ?

La Goule secoua la tête.

— Non... non, — dit-elle, — pas cette nuit... — c'est à peine si je le connais moi-même... — Il existe, mais vague et confus... — Je l'entrevois comme à travers un nuage... — laissez-le naître et grandir... — demain vous saurez ma pensée... — demain vous proclamerez mon génie... — demain vous aurez la foi, car vous aurez la certitude... — A demain. Luc, — à demain, Carmen...

La gitane, brisée de fatigue, ne demandait pas mieux que de regagner sa chambre.

Luc allait, de son côté, quitter la grande salle,

lorsque Périne l'arrêta en lui posant la main sur l'épaule.

— Que me veux-tu ? — murmura-t-il.

— Attends, dit-elle.

La Goule était debout. — Elle appuya ses deux bras au couronnement du dossier de son grand fauteuil, et pour la seconde fois elle s'absorba dans ses pensées.

Luc ne l'interrompit pas et, ainsi qu'elle venait de lui en donner l'ordre, il attendit.

Périne fit soudain un mouvement brusque. — Ses lèvres murmurèrent : — *J'ai trouvé!* et une satisfaction orgueilleuse et diabolique se peignit sur son visage.

— Voici ce que je te veux, — fit-elle ensuite. — Écoute et comprends !... J'ai besoin de fleurs... apporte-moi demain des fleurs...

— Des fleurs ! ! — en février ! ! — s'écria le baron.

— Il le faut.

— Où les chercher?

— Ceci te regarde mais, je te le répète, dusses-tu les payer mille livres, il me faut demain des fleurs...

— Beaucoup de fleurs?

— Deux bouquets... — l'un, de couleurs riches

et vives, des cactus pourprés, des narcisses ; — l'autre, modeste et virginal, des violettes et des lilas blancs...

— Pour qui ces bouquets, je te prie ? — Pour Carmen et pour toi, peut-être...

— Ni pour moi ni pour Carmen, — répondit la Goule en souriant, — mais pour la duchesse et pour Jane...

XXXV

LES DEUX BOUQUETS

Au dix-huitième siècle il était beaucoup plus difficile qu'aujourd'hui de se procurer de belles fleurs en plein hiver. — La lenteur des communications ne permettait pas de faire arriver à Paris tous les trésors de la Flore méridionale. — Nous devons ajouter que le commerce des fleurs, extrêmement restreint, demeurait l'apanage exclusif d'un certain nombre de bouquetières qui ne s'y adonnaient qu'en été, dans de petites *baraques* en bois, ou même avec de primitifs et portatifs éventaires.

Certains riches seigneurs, il est vrai, certains

financiers millionnaires, entretenaient à grands frais dans leurs hôtels des serres merveilleuses, mais les produits de ces serres n'étaient naturellement point à vendre, et la galanterie des possesseurs se manifestait vaniteusement sous forme de gerbes odorantes envoyées aux dames de la cour ou aux déesses de l'Opéra.

Il résulte de ce qui précède que Kerjean se trouvait fort embarrassé, et qu'il ne savait de quelle façon s'y prendre pour obéir aux ordres de la Goule. — A force de réfléchir, cependant, il se souvint qu'un vieux gentilhomme dont il était connu, le marquis d'Angennes, avait une serre renommée dans la maison de campagne qu'il habitait toute l'année sous les ombrages de la Vallée-aux-Loups. — Ce gentilhomme passait il est vrai pour être tout aussi avare de ses fleurs qu'un thésauriseur peut l'être de son or, ou un jaloux de la vue de sa bien-aimée.

Le baron n'en résolut pas moins de tenter la fortune. — Dès huit heures du matin il fit atteler son carrosse d'acquisition récente, et il donna l'ordre de le conduire à la Vallée-aux-Loups.

M. d'Angennes reçut le matinal visiteur au milieu d'un véritable jardin d'hiver, dont il lui fit admirer minutieusement et amoureusement les richesses peu communes. — Kerjean simula avec un naturel parfait les transports du plus vif enthousiasme, — (ce qui remplit d'aise le vieillard), — puis, profitant d'un moment qu'il crut favorable, il formula sa requête.

Le marquis d'Angennes perdit tout aussitôt sa gaieté, fronça le sourcil et répondit en termes vagues et d'une façon peu encourageante.

Kerjean ne se tint pas pour battu. — Il improvisa avec une habileté hors ligne et un esprit merveilleux toute une charmante et gracieuse histoire d'amour, dont il fit comprendre au marquis que les fleurs si vivement désirées devaient amener l'heureux dénoûment.

M. d'Angennes sourit malgré lui. — Le récit du baron le reportait aux jours lointains de sa jeunesse; — de vieux souvenirs endormis depuis de longues années se réveillèrent dans son cœur; — bref il se sentit faiblir, et il s'exécuta de bonne grâce et avec une générosité qui stupéfia son jardinier en chef, peu habitué à de semblables largesses.

Kerjean reprit le chemin de Paris, emportant avec lui toute une moisson de fleurs éclatantes des tropiques, de violettes, de roses blanches et de lilas blanc.

A l'extrémité de la rue d'Enfer, il quitta sa voiture pour un carrosse de louage, et se fit descendre, dans la ruelle de l'Estouffade, à la porte de derrière du Logis-Rouge.

— Que te disais-je ? — s'écria Périne en prenant les fleurs et en les divisant pour en former deux bouquets. — Ce qu'on veut fermement, on le peut... — en voici la preuve sans réplique...

Elle remplit ensuite d'eau pure un vase de faïence italienne et elle y plaça le bouquet aux vives couleurs.

— Que vas-tu faire de l'autre ? — demanda le baron.

— J'en vais faire l'instrument de ta fortune, — répondit Périne en emportant le second bouquet, le bouquet virginal, dans son laboratoire vitré où Kerjean la suivit.

— Tu veux me voir opérer ? — dit la maîtresse du Logis-Rouge.

— Oui, si tu le permets.

— Pourquoi non ? Mais d'abord... mets ceci sur ton visage.

Et elle présenta à Luc un masque de verre pareil à celui dont elle-même allait se servir. — Le baron noua derrière sa tête les cordons du masque protecteur.

Sur l'un des fourneaux éteints reposait une coupe de cristal remplie d'un liquide incolore et transparent.

— J'ai déjà travaillé ce matin... — murmura la Goule en désignant la coupe dans laquelle elle plongea la tige du bouquet.

A peine effleuré par cette tige le liquide transparent se mit à frissonner comme l'eau chauffée violemment et dont l'ébullition commence, — une vapeur épaisse s'éleva, et les roses, les violettes, les lilas blancs, disparurent au sein de cette vapeur.

Kerjean, malgré son masque, sentit un gaz âcre et délétère s'introduire dans ses voies respiratoires ; — il faillit suffoquer ; — une toux sifflante et douloureuse ébranla sa poitrine. — Il quitta vivement le laboratoire et se hâta de gagner le fond de la grande salle afin de respirer en toute liberté.

Le soulagement fut immédiat. — L'oppression et l'irritation cessèrent comme par enchantement.

— Presque aussitôt la Goule reparut à visage découvert.

— Tu serais un pauvre alchimiste, mon cher baron, — dit-elle avec un sourire, — et ce n'est pas toi qui retrouverais jamais le merveilleux élixir de vie, l'or potable et la pierre philosophale de Nicolas Flamel... — Moi qui ne suis qu'une femme j'ai appris à vivre, presque à respirer, au milieu des exhalaisons les plus morbides...

— Je conviens volontiers qu'un minute encore et c'était fait de moi !... — Les malheureuses fleurs, à l'heure qu'il est, doivent être complètement flétries... — fit Kerjean.

— Tu les verras dans cinq minutes... — répliqua la Goule.

Les cinq minutes s'écoulèrent. — Périne rentra dans le laboratoire d'où elle ressortit en tenant avec des pinces d'argent le bouquet, plus frais, plus embaumé qu'au moment où le marquis d'Agennes l'avait cueilli dans ses serres.

— Miracle ! — s'écria Luc, — mais, depuis longtemps déjà, je te sais capable de tous les prodiges !...

— Maintenant, — reprit la Goule, — il faut faire à ces deux bouquets leur dernière toilette... — il ne te restera plus ensuite qu'à les emporter et à les offrir...

En disant ce qui précède, la maîtresse du Logis-Rouge ouvrit une armoire. — Elle en tira quelques feuilles de grand papier d'une blancheur éclatante, mais d'un tissu presque transparent et d'une nature spongieuse. — Ce papier lui servait, dans ses opérations de chimie suspecte, à filtrer certaines essences.

Sous ses mains adroites il prit la forme bien connue des cornets évasés qui de tout temps servirent d'enveloppe aux bouquets. — Des rubans couleur de feu fixèrent ces enveloppes aux deux tiges, et ce travail plein d'élégance et de coquetterie fut achevé.

— Voilà qui est irréprochable!... — dit alors Périne en se complaisant dans son œuvre, — c'est parfait! c'est complet!... mais je dois te donner un bon conseil, mon cher baron...

— Lequel?

— Celui-ci : — Touche le moins que tu pourras, et seulement avec des gants, le bouquet de mademoiselle de Simeuse ; — aussitôt que tu auras fait agréer ce bouquet, quitte le gant de la main qui aura serré sa tige, ne fût-ce que pendant une seconde... — dès que tu seras rentré chez toi, brûle ce gant...

— Je n'aurai garde d'y manquer... — Ces fleurs

ne contiennent pas le sommeil, je l'ai compris...
— Elles renferment la mort...

— La mort est un sommeil aussi... — répondit Périne, — plus long que l'autre, voilà tout...

— Ainsi Jane de Simeuse est condamnée cette fois?...

— Oui, et ce n'est pas d'aujourd'hui; car, pour une fille comme Jane, disparaître ou mourir c'est tout un.

— Va-t-elle tomber foudroyée, ou s'éteindre lentement?...

— Elle s'éteindra lentement et sans souffrance...

— Dans combien de temps?...

— Avant la fin du mois... — Ne faut-il pas que l'oracle s'accomplisse?...

Un instant de silence suivit ces paroles. — Luc semblait soucieux, préoccupé, — la Goule le regardait avec une curiosité ironique.

— Périne, — dit enfin le gentilhomme, — tu m'as promis cette nuit de me révéler ton plan ce matin...

— Tu réclames l'exécution de ma promesse?

— Oui.

— Et si j'éloignais le moment de te satisfaire?...

— Je ne porterais point aujourd'hui ces deux bouquets à l'hôtel de Simeuse.

— Pourquoi?...

— Parce que je n'aime pas le mal pour le mal, et qu'un meurtre inutile me répugne.

— Inutile, dis-tu?...

— Sans doute. — Je crains qu'en ce moment tu ne t'abuses!... — Je cherche en quoi la mort de cette malheureuse enfant peut servir nos projets...

— Je me demande, enfin, à l'aide de quelle ruse audacieuse, de quelle combinaison infernale, tu espères substituer, sous les yeux d'une mère, Carmen vivante au cadavre de Jane ?

— Et tu ne peux te répondre ?...

— Non.

— Eh bien, je te répondrai, moi...

— Fais-le donc.

— Homme de peu de foi ! — Comme je t'abandonnerais à ton incrédulité si nous n'avions en tout ceci des intérêts communs !... — Mais enfin, je suis prête... — Écoute et sois convaincu...

La Goule prit en effet la parole, et quelques mots lui suffirent pour opérer dans l'esprit de Luc une révolution complète, pour substituer l'enthousiasme à la défiance.

— Périne, — s'écria le gentilhomme quand elle eut achevé, — le génie tortueux mais infaillible des plus immenses politiques revit en toi... S'il est vrai, comme je le crois, que les âmes errantes de ceux qui sont couchés dans la tombe viennent habiter de nouveaux corps, tu as dû t'appeler Machiavel, tu as dû t'appeler Louis XI !...

— Va donc en paix et ne doute plus ! — répondit la maîtresse du Logis-Rouge en faisant une sacrilège parodie des plus saintes et des plus divines paroles.

— Avant de t'éloigner, — ajouta-t-elle, — il est bon que tu saches que don Gusman n'a point reparu...

— Le misérable se cache, — répondit Kerjean, — et il fait bien, car après sa conduite de la nuit dernière, après l'effroyable et mortel péril dans lequel il m'a jeté par sa lâcheté stupide, en renversant les échelles, je le ferai certainement périr sous le bâton...

— Si tu veux m'en croire, tu le ménageras au contraire...

— A quoi bon ?... — que puis-je jamais attendre de lui ?...

— Rien qui vaille, j'en suis convaincue, — mais sa sœur le protège, et nous avons besoin de sa sœur...

— Soit ! — S'il revient, reçois-le donc, — mais qu'il laisse à ma colère le temps de se calmer, et qu'il passe quelques jours sans se présenter devant moi...

Il était en ce moment onze heures du matin, — le baron de Kerjean prit le chemin de l'hôtel Simeuse, où il arriva un peu avant le repas de midi, auquel il devait assister.

Le duc l'accueillit chaudement.

— Mon cher baron, — lui dit-il après l'avoir tendrement embrassé, selon la coutume du siècle dernier, — tout va bien ! — vous voyez en moi le plus heureux des hommes...

— Ainsi, madame la duchesse ?...

— Éprouve à peine une légère douleur de tête, faible suite du coup terrible qui devait me la ravir à jamais...

— Mademoiselle Jane ?...

— Elle se porte le mieux du monde, et vous vous en convaincrez par vos propres yeux dans quelques minutes... — Son évanouissement s'est prolongé jusqu'à huit heures du matin... — alors elle est revenue à elle-même comme quelqu'un qui sort d'un profond sommeil. — On eût dit qu'elle s'éveillait, et non qu'elle reprenait connaissance...

— Se souvenait-elle distinctement les événements de la nuit?...

— Elle ne se souvenait de rien, et sa surprise a été complète en voyant le désordre de sa chambre, en écoutant le récit du crime si miraculeusement avorté... — Cela ne vous semble-t-il pas un peu étrange, mon cher baron?...

— Non, monsieur le duc. — Il arrive souvent qu'une terreur soudaine, assez forte pour amener un évanouissement, laisse à sa suite un oubli complet des causes de cet évanouissement...

— Vous avez réponse à tout!... — Je vous admire et vous proclame l'homme universel! — Mais que venez-vous donc de déposer sur cette console, je vous prie?...

— Quelques fleurs modestes, monsieur le duc...

— Modestes!!..., — s'écria le vieillard en examinant les bouquets. — Ceci vous plaît à dire!... — C'est splendide, véritablement splendide, surtout en hiver! — Est-il indiscret de vous demander où vous avez trouvé ces merveilles?...

— Je suis allé ce matin à la Vallée-aux-Loups, visiter un des vieux amis de ma famille, le marquis d'Angennes.

— Et le marquis vous a permis de prélever une

pareille dîme sur ses collections ! — Voilà qui devient miraculeux ! — peste, mon cher baron, vous devez être bien avant dans les bonnes grâces du digne marquis, car il a fait pour vous ce que, certes, il ne ferait pour personne...

— J'espère que madame la duchesse et mademoiselle Jane voudront bien me permettre de déposer cette offrande à leurs pieds...

— Et je vous affirme qu'elles accepteront avec reconnaissance... — D'ailleurs elles vont vous le dire elles-mêmes, car les voici...

En effet, la mère et la fille entraient ensemble dans le salon. — Madame de Simeuse était pâle. — Le teint de Jane, au contraire, brillait d'un incarnat plus vif que de coutume.

— Monsieur le baron, — dit la jeune fille à Kerjean d'un ton fraternellement affectueux, — je viens d'apprendre par ma bonne mère que cette nuit, pendant mon sommeil, j'avais contracté vis-à-vis de vous de nouvelles obligations... — Je suis déjà, et par tant de choses, votre obligée, qu'en vérité je ne sais plus comment vous exprimer ma reconnaissance.

— Chère fille, — interrompit le duc en coupant la parole à Kerjean qui allait répondre, — tu ne sais pas tout, — le baron veut encore augmenter ta dette... — Regarde...

Et il présenta à Jane le bouquet de violettes, de roses et de lilas blanc.

— Oh ! les belles fleurs ! — s'écria mademoiselle de Simeuse avec une gaieté d'enfant, — les belles fleurs, et qu'elles sentent bon ! !... — Ah !... monsieur le baron, je vous remercie de tout mon cœur...

— Ainsi, — demanda Luc, — vous daignez accepter, mademoiselle?...

— Mais, vous le voyez bien, que j'accepte !... — répliqua la jeune fille en cachant son charmant visage au milieu des fleurs, comme pour en aspirer à la fois tout les parfums.

Le baron se tourna vers madame de Simeuse.

— Puis-je espérer, — dit-il, — que madame la duchesse, elle aussi, voudra bien faire à ce bouquet un favorable accueil?...

— Certes, monsieur le baron, et c'est une galanterie princière dont je suis plus touchée que je ne saurais le dire... Je n'ai jamais rien vu d'aussi parfaitement beau que ces fleurs...

Jusqu'au moment de se mettre à table, Jane ne quitta pas son bouquet. — Aussitôt après le repas Kerjean le lui vit reprendre, et, pendant la plus grande partie de la journée, elle le garda dans sa main nue, pour en respirer de minute en minute les émanations embaumées.

Le soir, en rentrant à l'hôtel du quai Saint-Paul où il allait changer de costume avant de se rendre au Logis-Rouge, Luc se souvint des recommandations de la Goule.

Sa main droite seule avait touché pendant quelques secondes le bouquet de Jane, et il avait aussitôt dépouillé le gant de cette main. — Il tira de sa poche ce gant et il le jeta dans la direction du foyer. — Une petite chienne griffonne, qu'il aimait beaucoup, le saisit au vol, l'emporta sous un meuble et se mit à le déchirer à belles dents.

Luc le lui arracha et le brûla tout aussitôt.

Sans se préoccuper davantage de cet incident, le baron s'habilla d'une façon très simple, prit son épée et des pistolets, et s'en alla raconter à Périne les incidents de la journée.

Il apprit en même temps, non sans quelque surprise, qu'on n'avait de Moralès aucune nouvelle. — La Goule s'étonnait. — Carmen croyait de son devoir de bonne sœur de manifester un commencement d'inquiétude.

Un peu avant minuit, Luc quitta le Logis-Rouge

et retourna à l'hôtel Simeuse. — Il venait prendre le commandement de la petite troupe de serviteurs dévoués qui devaient, d'après son conseil, veiller toute la nuit dans les jardins avec des flambeaux.

— Il nous paraît superflu d'ajouter que le calme le plus profond ne cessa pas un seul instant de régner dans la rue des Fossés-Saint-Victor et dans la rue Clovis. — L'ennemi ne pouvait manifester sa présence au dehors, puisqu'il était au cœur même de la place.

Dès les premières lueurs du jour Kerjean regagna le quai Saint-Paul.

Malô l'attendait avec une figure bouleversée.

— Eh bien?... — lui demanda Luc vivement et non sans anxiété, — qu'y a-t-il donc?

— Une mauvaise nouvelle, monsieur le baron.

— Voyons... cette nouvelle?... — Parle vite...

— *Pimpante* est morte cette nuit...

— Ah!... — murmura Luc, — elle est morte!... déjà!!

Pimpante était la petite chienne qui, la veille au soir, avait déchiré le gant du baron.

XXXVI

CONDAMNÉE A MORT

Deux semaines s'étaient écoulées depuis les événements racontés par nous dans les précédents chapitres. — Pendant ce laps de temps une tranquillité profonde n'avait point cessé de régner au Logis-Rouge.

Après huit jours d'absence Moralès, qu'on commençait à croire définitivement disparu, était arrivé un beau matin, et dans quel piteux état, grand Dieu !...

Le malheureux gitano n'avait pas sur le corps un seul vêtement qui ne fût en lambeaux. — Le fourreau de son épée ne tenait plus à son baudrier. — Sa figure blafarde, sillonnée de meurtrissures, offrait la preuve irrécusable, sinon qu'il avait livré bataille (ce qui n'était guère dans ses mœurs), au moins qu'il avait été battu.

Carmen et la Goule l'interrogèrent. — Il répondit par un mensonge laborieusement et maladroitement préparé auquel, avec la meilleure volonté du monde, il était tout à fait impossible d'ajouter foi.

A l'entendre, il n'avait quitté la chambre de Jane de Simeuse, au moment de l'entrée de la duchesse, que pour courir chercher Malô et Coquelicot et les amener au secours de ses compagnons. — Au pied de l'échelle, dans le jardin de l'hôtel, deux hommes inconnus s'étaient rués sur lui, l'avaient bâillonné malgré son énergique résistance, l'avaient emporté pieds et poings liés sur leurs épaules et jeté dans le caveau d'une vieille maison située à une énorme distance sur le bord de la Seine. — Là, pendant une semaine entière, il s'était vu privé presque complètement de nourriture et en butte à des traitements d'une effroyable brutalité. — Enfin, à force de patience, il avait usé ses liens, — il s'était échappé par un soupirail et il était accouru de toute sa vitesse au Logis-Rouge.

Une si pauvre invention ne valait pas même la peine d'être discutée. — Carmen, en l'écoutant, sourit de pitié, et la Goule haussa les épaules.

— Je vois bien que vous ne me croyez pas, — fit alors Moralès avec impudence, — et, par Notre-Dame d'Atocha, vous avez grand tort toutes deux, car je ne vous ai dit que la plus exacte vérité !... — Me prenez-vous donc pour un imposteur et pour un conteur de sornettes ?... — Si cela était, caramba ! vous m'offenseriez gravement !...

— Dans quel quartier prétendez-vous avoir été conduit ? — interrompit la Goule.

— Dans un quartier lointain que je ne connais pas... — répondit le gitano.

— Pourriez-vous le retrouver ?

— J'en doute.

— Reconnaîtriez-vous la maison où vous avez été prisonnier ?...

— Ne l'ayant vue que la nuit, cela me serait difficile.

— Et les deux hommes qui vous maltraitaient ?...

— Ils ne se sont montrés à moi que masqués... j'ignore leurs visages...

— En voilà assez... n'en parlons plus.

Moralès n'insista pas pour en parler encore.

Le fait est que le gitano, après avoir obéi à ses instincts d'égoïste peureux en fuyant et renversant derrière lui les deux échelles, avait parfaitement compris qu'il venait de se mettre en très fâcheuse situation auprès du baron de Kerjean, si toutefois le baron trouvait moyen de sortir sain et sauf de l'hôtel Simeuse; mais, le mal étant fait, il était trop tard pour le réparer; — d'ailleurs Moralès, sentant dans sa poche le poids d'un certain nombre de pièces d'or, se persuada facilement que ces quelques louis assureraient l'indépendance de son avenir et lui permettraient de vivre à sa guise, sans rien demander et sans rien devoir à personne. — Pour cela, que fallait-il? — Jouer et gagner... — Deux choses bien simples, on le voit, et tout à fait élémentaires !...

En conséquence le gitano alla s'installer dans un tripot; — il y passa ses jours et ses nuits, sans dormir et presque sans manger, la passion du jeu lui tenant lieu de nourriture et de sommeil. — La chance lui sourit d'abord. — Il gagna d'assez grosses sommes. — Puis arrivèrent les alternatives de succès et de revers; — à ces intermittences succéda la déveine absolue. — Moralès vit disparaître ses bénéfices, — puis il entama son modeste capital qui fondit entre ses doigts comme la neige au soleil. — Quand il n'eut presque plus rien, il essaya de se rattraper par des moyens *habiles*, et de venir en aide au hasard. — Il tricha. — On le prit en flagrant délit. — On lui fit restituer l'argent volé ; — il fut accablé d'injures, roué de coups, et jeté honteusement à la porte du tripot par une foule d'honnêtes gens qui, au fond, ne valaient guère mieux que lui.

Meurtri, délabré, honteux, la poche et l'estomac vides, Moralès n'avait désormais qu'un parti à prendre : — Revenir au Logis-Rouge, quelque pût être pour lui le danger de cette démarche. — Il le fit et nous savons déjà de quel pittoresque prétexte il essaya de colorer sa longue absence.

Laissons l'honorable gitano se refaire des suites de ses *héroïques* mésaventures, et retournons à l'hôtel Simeuse où de graves et douloureux événements nous attendent.

Depuis bien des jours une atmosphère de sombre tristesse pesait sur cette splendide demeure dont tous les privilèges de la noblesse et de la fortune ne pouvaient éloigner le deuil et les larmes.

Jane se mourait.

Quelques heures après le moment où mademoiselle de Simeuse avait reçu des mains du baron de Kerjean le bouquet de fleurs virginales, les premiers symptômes d'une maladie bizarre s'étaient déclarés, et ces symptômes acquéraient de jour en jour et pour ainsi dire d'heure en heure une gravité terrible.

La jeune fille ne souffrait pas, mais une fièvre lente et continuelle brûlait sans relâche son sang décomposé et appauvri, et nous aurions peine à donner une idée exacte de son rapide affaiblissement. — Au bout de trois jours Jane ne pouvait faire un pas sans s'appuyer, ou plutôt sans se suspendre au bras de sa mère ; — au bout d'une semaine elle ne pouvait quitter son lit et, selon toute apparence, elle ne devait le quitter désormais que pour prendre place dans cette froide couche qu'on appelle un cercueil.

Les plus illustres médecins de Paris avaient été appelés au chevet de la jeune fille. — Les hommes de la science étaient restés frappés de stupeur en face de ce mal étrange dont ils ignoraient le nom, dont la cause restait inexplicable pour eux, et dont rien ne pouvait arrêter les implacables progrès.

A leurs questions vingt fois, cent fois répétées, Jane répondait simplement :

— Je ne saurais vous expliquer ce que j'éprouve,

car en vérité je n'éprouve rien qu'il me soit possible d'analyser et de décrire. — Je vois bien que la vie se retire de moi, mais ce n'est pas une sensation, c'est un instinct qui me le révèle... — Je m'aperçois bien que mon cœur bat moins vite, que mon sang se refroidit dans mes veines, mais aucune douleur physique n'accompagne cet anéantissement de mon être... — Je sais comme vous, et mieux encore que vous peut-être, que ma dernière heure est proche... — je mourrai en pleine jeunesse, je pourrais dire : en pleine santé, — puisque d'habitude la souffrance est la compagne de la maladie. — La mort s'empare de moi comme le sommeil s'empare d'un enfant fatigué... — On me croira endormie... j'aurai cessé de vivre...

On devine sans peine quelles angoisses inouïes, indicibles, devaient ressentir le duc et la duchesse en entendant leur fille bien-aimée parler ainsi de sa fin prochaine, — angoisses d'autant plus cuisantes qu'ils s'efforçaient de les cacher à tous les yeux, — qu'ils étouffaient leurs sanglots, — qu'ils dévoraient leurs larmes, qu'ils voulaient enfin avoir l'air d'espérer malgré tout...

La duchesse, au milieu de ses douleurs contenues, s'irritait du découragement des docteurs.

— Qu'attendez-vous donc? — leur demanda-t-elle un jour avec une rage sourde. — Vous abandonnez mon enfant!... — vous n'ordonnez rien! vous ne tentez rien!...

— Hélas! madame la duchesse, — répondit le médecin du roi, — ici la science est impuissante, car ici la science est aveugle...

— Ainsi, vous condamnez ma fille?...

— Ce n'est pas nous qui la condamnons, madame, c'est Dieu qui sans doute veut rappeler à lui l'un de ses anges...

— Docteur... docteur, ayez pitié de moi... — Dites-moi qu'on peut sauver Jane.

— Dieu seul le peut, madame et, pour sauver mademoiselle de Simeuse, il lui faudra faire un miracle...

— Un miracle! — cria la duchesse, à demi folle de désespoir. — Eh bien, ce miracle, je le ferai... je sauverai Jane sans vous... je la sauverai, moi, sa mère!...

— Les mères aussi font parfois des miracles, madame... — murmura le médecin en s'inclinant avec un respect plein de compassion.

Madame de Simeuse se laissa tomber sur son

siège, — elle cacha son visage dans ses mains et pleura longtemps.

Quand elle releva la tête les médecins avaient quitté le salon, mais elle vit M. de Kerjean debout à quelques pas, semblant attendre dans un recueillement douloureux que la duchesse fût en état de s'apercevoir de sa présence.

La pauvre mère, en proie à un de ces transports passagers d'exaltation que tous les poignants chagrins amènent à leur suite, courut au baron, lui saisit les mains, et tomba presque à genoux devant lui en balbutiant à travers ses larmes :

— Avez-vous entendu ces hommes?... — Ils condamnent mon enfant!... — Mais c'est impossible, n'est-ce pas?... c'est impossible?... — Vous qui êtes bon, vous qui êtes généreux, monsieur de Kerjean... vous dont un lien mystérieux unit la destinée à la destinée de Jane, vous ne nous abandonnerez pas!... Vous la sauverez! oh! dites-moi que vous la sauverez!...

— S'il ne faut pour cela, madame la duchesse, que mon sang versé goutte à goutte, que ma vie donnée à l'instant sans un regret et sans une hésitation, je suis prêt... — répondit le baron.

— Eh! — s'écria la malheureuse mère, — l'offre

de votre sang ne rendra point à ma fille l'existence qui s'échappe !... — C'est un stérile dévouement, monsieur, que celui qui n'agit pas !...

— Vos paroles sont cruelles, madame la duchesse, et je les crois imméritées... — Je vous l'ai dit et je vous le répète, je suis prêt à tout... mais que puis-je ?...

Le désespoir, quand il dépasse certaines limites, arrive presque à la folie, — il trouble l'intelligence — il remplit l'âme d'amertume, — il rend injustes et cruelles les natures les plus bienveillantes et les plus exquises.

Madame de Simeuse en était là ; — elle attacha sur le baron un regard presque haineux et elle lui demanda d'une voix dure :

— Mais alors, monsieur, si vous ne pouvez rien, que venez-vous faire ici ?...

— Je viens, comme chaque jour, réclamer ma part de douleur dans cette maison où j'ai été accueilli comme un fils ; j'y viens prendre des nouvelles de la personne qui m'intéresse le plus en ce monde, de mademoiselle Jane de Simeuse, — répliqua Kerjean avec fermeté.

— Eh bien, monsieur, Jane se meurt ! — vous

savez ce que vous vouliez savoir, — rien ne vous retient plus maintenant...

— Aussi je me retire, madame, puisque ma présence vous semble à ce point odieuse. Je me retire le cœur brisé, et bien cruellement puni de mon impuissance involontaire...

Luc salua la duchesse et fit un mouvement pour s'éloigner mais M. de Simeuse, entré dans le salon depuis quelques secondes, avait entendu les dernières répliques du dialogue que nous venons de reproduire.

Il s'approcha du baron, il lui prit la main et lui dit tout bas d'un ton affectueux :

— Mon cher enfant, je vous en supplie, pardonnez à une pauvre mère aveuglée par un désespoir qui l'aigrit et détruit en elle toute justice... — la duchesse oublie ce que nous vous devons... ce que vous avez fait pour nous... mais la mémoire lui reviendra, et moi je me souviens... — Venez, mon enfant... vous aimez Jane aussi, vous... — j'ai besoin de me soulager en versant mes larmes dans un cœur ami... dans un cœur compatissant et dévoué...

Le vieillard emmena Luc dans son appartement, tandis que madame de Simeuse regagnait rapidement la chambre de Jane.

Vous avez vu peut-être, au fond du sanctuaire de certaines églises, sous les parois transparentes d'un autel de cristal, ces images de cire, effrayantes de réalité, qui représentent quelque jeune sainte, vierge et martyre, couchée dans un cercueil ouvert parmi des palmes et des fleurs. — Les miracles de l'art, avec tout leur prestige, ne sauraient être plus saisissants que ces imitations naïves, mais exactes, de la nature.

Les moins croyants s'agenouillent, émus et troublés involontairement, devant ces glorieuses mortes aux yeux fermés, aux mains jointes, dont les lèvres entr'ouvertes semblent sourire aux mystères de l'éternité.

Telle était mademoiselle de Simeuse dans sa lente agonie. — Même pâleur, même expression, même sourire. — Jane paraissait morte déjà, et si quelque rayon du froid soleil d'hiver s'égarait sur son lit on croyait voir une auréole autour de son front virginal.

Au moment où la duchesse, dont le fatal arrêt des docteurs venait de briser irrévocablement la dernière espérance, entra dans la chambre de sa fille et vint silencieusement reprendre sa place à son chevet, Jane ouvrit les yeux ; elle tourna sa tête à demi du côté de sa mère et ses lèvres s'agitèrent.

Madame de Simeuse comprit que la pauvre enfant voulait parler... — Elle se pencha vers elle, — elle l'entoura de ses bras et elle balbutia :

— Je t'écoute, chère bien-aimée... Que veux-tu?

— Ma mère, — dit Jane d'une voix faible comme un souffle, — j'ai quelque chose à te demander... quelque chose qu'il ne faudra pas me refuser, bonne mère, car c'est peut-être mon dernier désir...

Les larmes suffoquaient la duchesse. — Au lieu de répondre elle fit un geste qui signifiait clairement : — Est-ce que je puis rien te refuser?

Jane continua :

— Je voudrais écrire...

— Écrire!! — répéta madame de Simeuse avec un étonnement profond.

— Oui.

— A qui, mon enfant?

— A *lui*, à René.

— Pauvre chère Jane... tu ne pourras pas...

— Oh! je sais que je suis bien faible... mais je sais aussi que l'ardeur de ma volonté me rendra

19.

pour un instant les forces nécessaires... — D'ailleurs ma lettre ne sera pas longue.

— Veux-tu me la dicter, cette lettre?

— Non, ma mère, ce ne serait pas la même chose. — Il faut qu'elles soient au moins de ma main, les lignes qui vont porter à mon fiancé un coup si cruel, car elles seront bientôt, sans doute, tout ce qui lui restera de moi.

La duchesse ne résista plus. — Elle plaça sur le lit de Jane, un petit bureau portatif, — elle prépara le papier vélin, — elle trempa la plume dans l'encre et elle la présenta à sa fille.

Les doigts défaillants de la mourante eurent peine à saisir cette plume qui leur échappait.

— Hélas ! — murmura la duchesse, — tu vois bien... tu ne peux pas...

Jane fit un effort comparable à celui de l'homme qui soulève un écrasant fardeau ; — des gouttes de sueur perlèrent sur l'ivoire moite de son front. — Une faible nuance rosée colora ses joues.

— Regarde, — dit-elle, — je suis forte.

En effet, c'est à peine si sa main frissonnait encore, et sa plume traçait sans hésitation des caractères un peu tremblés, mais parfaitement lisibles.

Voici ce qu'elle écrivait :

« *Armez-vous de courage, René, car je vous envoie
» une grande douleur...* — *Adieu nos beaux rêves d'au-
» trefois...* — *Adieu notre souriant avenir.* — *Tout est
» fini.* — *Je vais mourir...* — *je suis condamnée, mon
» pauvre ami, et rien au monde, rien, entendez-vous ?
» ne pourrait me sauver, ou seulement retarder ma
« fin d'un seul jour.*

» *Vous à qui j'ai donné mon cœur...* vous à qui
» *j'allais donner ma vie, venez recevoir mon dernier
» souffle et ma dernière pensée.* — *Je voudrais, à
» l'heure suprême, avoir auprès de moi tous ceux que
» j'aimais... ma mère, mon père, et vous, René.* — *Je
» demande à Dieu que cette joie me soit accordée...* —
» *Mais j'ai peur...* — *il est déjà bien tard...*

» *Enfin, je tâcherai de vous attendre... mais venez...
» venez... venez vite...*

                                » JANE. »

Quand la jeune fille eut écrit le dernier mot de
cette triste lettre, la force factice qui venait de la
soutenir était épuisée... — elle perdit connaissance, et madame de Simeuse, pour la rappeler
à elle-même, dut mouiller ses tempes avec de l'eau
fraîche et lui faire respirer des sels énergiques.

Les premières paroles de Jane lorsqu'elle sortit de son évanouissement, furent celles-ci :

— Plie cette lettre et écris l'adresse, bonne mère, car je sens bien, maintenant, que je ne pourrais plus... Mais j'ai fait ce que je voulais... je suis contente...

La duchesse traça sur l'enveloppe le nom du marquis René de Rieux, officier de la marine royale, à Brest. — Jane voulut lire cette adresse...
— Elle sourit au nom de René.

— La poste est trop lente... — dit-elle ensuite, — et moi je ne peux pas attendre... — Si tu m'aimes, bonne mère, donne des ordres... — Que le plus dévoué de nos serviteurs monte à cheval et parte à l'instant... qu'il sème l'or sur sa route pour arriver plus vite... songe qu'il y va de ma dernière joie en ce monde...

— La joie fait parfois des miracles... — murmura madame de Simeuse en quittant vivement la chambre, où elle rentra au bout de quelques minutes.

Jane la questionna du regard.

— Antoine vient de partir à l'instant sur *Achmet*, le plus vite des chevaux arabes des écuries de ton père; — répondit la duchesse à cette muette interrogation. — Il doublera la première poste et laissera sa monture au second relais... — il ne s'arrêtera ni une heure ni une minute, a-t-il dit... — il dépassera le vent et l'éclair...

— Combien de temps lui faudra-t-il pour arriver à Brest ?...

— Trente-huit ou quarante heures...

— Ainsi, dans trois jours et quelques heures René peut être à Paris ?

— Il y sera, n'en doute pas, chère enfant...

— Oh ! — balbutia Jane, si bas que sa mère ne put l'entendre, — je sais que René fera des prodiges et réalisera l'impossible... mais trois jours, mon Dieu, c'est bien long et, quand René arrivera, n'est-ce pas moi qui serai partie ?...

FIN.

(Le deuxième épisode des *Pantins de madame le Diable* a pour titre : *La Maison des Mystères*.

TABLE DES CHAPITRES

PREMIÈRE PARTIE

PÉRINE ET LUC

(Suite)

XIV.	Jane de Simeuse.	1
XV.	Les pressentiments d'une mère.	14
XVI.	Une demande en mariage	28
XVII.	Le père et la mère.	42
XVIII.	Une décision.	50
XIX.	Un rapport de police.	62
XX.	Quai Saint-Paul.	78
XXI.	Au Compagnon de Saint-Antoine.	97
XXII.	Une taverne du bon vieux temps.	117
XXIII.	Les caves du bon compère.	133
XXIV.	Carmen et maître David.	145
XXV.	Les garanties	160
XXVI.	Entente cordiale.	172
XXVII.	L'élixir de sommeil	184
XXVIII.	Leïla.	196

XXIX.	— Le souper.	209
XXX.	— De onze heures du soir à une heure du matin.	224
XXXI.	— Commencement d'exécution.	238
XXXII.	— Le rôle de Moralès.	249
XXXIII.	— Effraction et escalade	261
XXXIV.	— Un grand comédien	280
XXXV.	— Les deux bouquets.	301
XXXVI.	— Condamnée à mort	317

FIN DE LA TABLE DU SECOND VOLUME

F. AUREAU. — IMPRIMERIE DE LAGNY

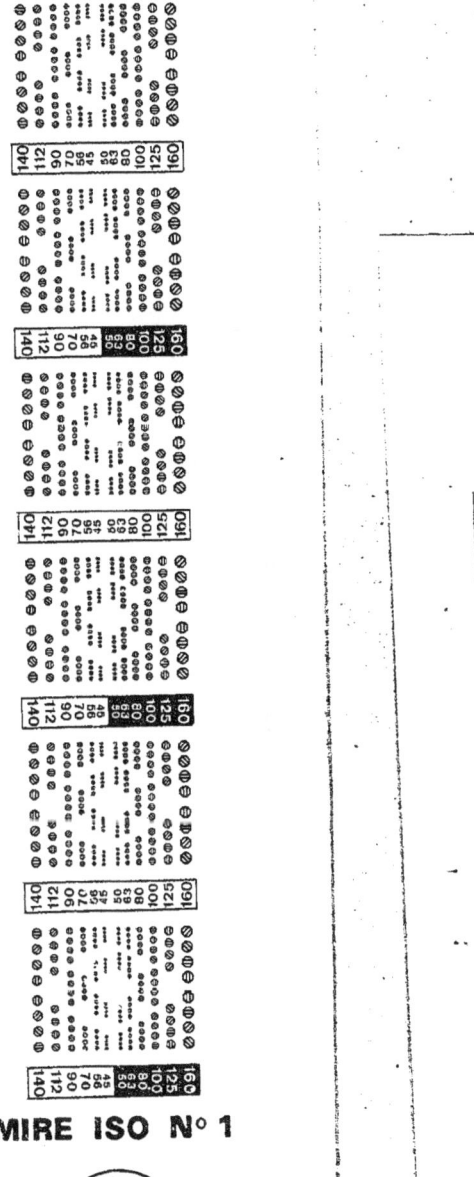

MIRE ISO N° 1

NF Z 43-007

CONTRÔLE :

AFNOR

BIBLIOTHÈQUE NATIONALE

CHÂTEAU
de
SABLÉ
1984

www.ingramcontent.com/pod-product-compliance
Lightning Source LLC
Chambersburg PA
CBHW070945180426
43194CB00040B/1069